企 鹅 人 生

PENGUIN
LIVES

达·芬奇

〔美〕舍温·努兰 著

谢晗曦 译

Leonardo da Vinci

生活·讀書·新知 三联书店

献给两个意大利人

萨尔瓦托·马萨和我的哥哥维托里奥·费雷罗

目 录

寻找达·芬奇其人   1

从出生至三十岁   13

    纪事：早年，1452年—1482年

从三十岁至四十八岁   37

    纪事：米兰，1482年—1500年

从四十八岁至五十四岁   65

    纪事：佛罗伦萨，1500年—1502年

          罗马，1502年—1503年

          佛罗伦萨，1503年—1506年

从五十四岁至六十七岁   91

    纪事：米兰，1506年—1513年

          罗马，1513年—1515年

          昂布瓦斯，1516年—1519年

关于达·芬奇手稿   109

解剖学：与眼睛相关的问题   127

解剖学：与心相关的问题和其他问题   149

文献说明   174

寻找达·芬奇其人

在对列奥纳多·达·芬奇（Leonardo da Vinci）的生平维持了八年近乎偶像崇拜的狂热后，我去了他出生的房子，那是一次朝圣之旅。至少我是这么想的。

那是1985年，我和妻子莎拉在佛罗伦萨。到达当地的第二天早上，我们临时起意前往芬奇镇（Vinci）瞻仰达·芬奇故居，而之前我们没有任何计划，当然，我们也从未去过那里。

还有什么比科学史博物馆更好的问路处呢？我见馆门关着，就敲了敲那厚重的木制大门，出人意料的是，门"吱呀"一声开了一条缝，一位女士闻声出来，而后进去请示馆长。不久她与馆长一同回来了。我和莎拉很快就得以乘上列车，驶向十二公里外的恩波利（Empoli）。我们在那里换乘短途巴士到了芬奇镇。原来芬奇是个普通小镇，与那一带的众多镇子没有什么不同，只是它拥有一个小小的博物馆，陈列着在达·芬奇的构想启发下发明出来的机器模型。此外，巨大的路标指向达·芬奇这位巨匠的出生地，标明距离此地三公里。但路标没有说明的是，这三公里路程皆为陡峭山路，我们一路奋力攀登，最终几乎是把自己硬拖到了山顶，但是，一切都是值得的。那里的一栋大石屋，显然是文艺复兴时期建筑的遗迹。我们终于到了。

奇怪的是，我和莎拉都没有感到预期中的兴奋。建筑内部只有一个大大的房间，地板是石头的，房间一侧有个宽大的壁炉。一位上了年纪的女士在出售纪念明信片。除此以外，别无他物，物质的、精神的都没有。无论我们原想在此地寻找到什么，都不会如愿。

还有一些游客漫无目的地在屋里闲逛，看上去和我们一样失望透顶。为了莎拉，我努力装出满怀热情的样子，她也在这样做。可还是没用。我们一路劳顿来到我的偶像的诞生地，起初高涨的热情却被冰冷的现实浇灭。不过，这毕竟是他出生的地方，虽然这简素的古旧砖墙似乎没传达给我们任何信息。起初，我们不愿离开，我想，大家都总以为只要一想到自己身处此地，或许就会突然间灵感迸发。然而，二十分钟过去，任何值得一提的事都没发生，我们终于下定决心走了。搭上一位德国游客的奔驰车，我们很快就回到了小镇中心。由于不像上山时那样充满期冀，漫长的下山路令人沮丧。1984 年，我们去那里的前一年，是一个大旱之年——现在，每一棵橄榄树依然枯干皱缩，草地呈棕黄色，泥土干巴巴的，甚至快变成沙子了。在这种环境里，很难去想象那富有古典美的画面：金发的小列奥纳多在周围郁郁葱葱的田野上嬉戏，益发被四周大自然的勃勃生机、宏伟壮美吸引。

然而更糟糕的是，很久以后，通过阅读以及与意大利友人交谈，我发现没人知道达·芬奇在哪里出生。实际上，他降生的屋子甚至可能不在芬奇镇。有些人说他生于安奇亚诺镇（Anchiano）附近，几个月也可能几年后才被带到芬奇。我和莎拉到过的也许是他出生的屋子，但也可能不是。而令事情更加扑朔迷离的是，后来我们发现，我们上山所走的路，便是离开芬奇，去往安奇亚诺的路，那里的居民认为，所谓达·芬奇的出生地不过是杜撰的一个恶作剧，专门哄骗容易上当的客人。

人们在那里发现不了达·芬奇。事实上，你无法在任何地方发现他。他不是能囿于几所故居、几座纪念碑甚至恒久性的一种生命存在。他在自己的时代里闪耀，掠过，然后消逝，身后留下的大量作品，除了绘画作品以外，别的都令人难以理解，直到他死后几个世纪，由距离他那似是而非的出生地千里之遥的人们去解读。引用弗洛伊德一句著名的话："他仿佛是蒙昧的黑暗中过早醒来的那个人，而众人尚在昏睡。"研究达·芬奇的著名学者拉迪斯劳·雷提（Ladislao Reti）也持有相同的看法，他指出达·芬奇的许多手稿已遗失于那个黑暗年代。其中一部分近期才得以重新发掘，他的天才奥秘才逐步被揭开。但正如雷提所言，他仍然，并将永远是不为人知的达·芬奇。

列奥纳多·达·芬奇是一个概念化的人。在某种意义上，他令人难以捉摸；换个角度看，他又与我们如此贴近，我们可以清楚地听到他的声音。人们对他的思想以及他宽广的精神世界的了解，远多于对他生平经历的了解。然而，即使是他的思想，在我们看来也多少有些模糊不清。肯尼斯·克拉克爵士（Sir Kenneth Clark）曾恰如其分地评价他为"史上最孜孜不倦，保持好奇的人"，如此说来，他也是最令我们孜孜不倦地感到好奇的历史人物。

正如我们对达·芬奇一无所知一样，达·芬奇也全然不知何为束缚。在他作为自然的学生追求目标的道路上，肯定存在束缚。没有仪器、数学和新时代的实验方法，他不可能知道朝哪个方向出发来实现他的最终目标——把一切自然知识建构成一个有序的系统。于是他同时向各个方向展开研究，而最大的奇迹在于，他竟然能在缺少技术和信息的情况下取得如此巨大的成就，而这些技术和信息是只有现代思想者才可能获得的。他在自己的时代和现代都受到批评，因为他有许多作品仅仅开了个头就不了了之。但是，情况还能怎样呢，至少在科学研究上，他只能虎头蛇尾了。他的思维探索已大大超越当时知识技术的限制。假如条件允许，他的天赋定然能在现实中大放异彩，正如在他的假设和幻想里那样。研究达·芬奇解剖学最权威的学者肯尼斯·基尔（Kenneth Keele），给我看过他写给我们一位共同的朋友的信，其中一段描述了自己在研究某些达·芬奇手稿时产生的对这个问题的感觉：

> 读每一页，我都为他充满智慧的问题和解答着迷。但我多次意识到，不论这些问题多么充满智慧，如何饱含本能直觉的分量，若没有知识作为支持的基础，答案无疑会出错。这一发现令我的故事不可避免地染上了悲伤的色彩。达·芬奇越是在蒙昧无知的锁链中努力挣扎，这悲伤色彩就越浓。尤其悲哀的是，虽然他在很多方面挣脱了镣铐，却从未完全逃脱。我隐约觉得，今天的我们在许多领域（例如社会学、心理学和死亡学）没有处于相似的悲哀处境，

没有感受到相似程度的束缚，是否只是因为我们不知道，甚至感受不到这种束缚的存在。

当然，真实情况的确是，我们无法知道甚至无法估计，物理学和天文学等以数学为基础的学科至今依旧面临怎样的藩篱及桎梏——更不用提基尔关注的更为模糊的领域了——同样，达·芬奇不可能料到，身处 15 世纪，给他带来了多少限制，令他无法取得可能取得的成功。在他看来，没有限制，没有不可能的事，勤奋与坚持不懈将解开所有谜团。"上帝向我们售卖的一切好物，皆以劳动计价。"他引用贺拉斯的话写道。但他（与贺拉斯一样）错了，而且不仅错在他的理念超越了他的时代。虽然他是一位远高于自己时代的人物，却仍摆脱不了自己的时代，局限于某些已根深蒂固的先入之见。由于这些成见，他在不知不觉之中走向错误，得出了错误的理论。尽管他否认并尽力避免，但还是受到前人规范潜移默化的影响，文艺复兴精神捆住了他的手脚。这种精神一向号称自由开放，却只是相较从前而言。达·芬奇更需要 17 世纪，也许是 20 世纪。他不仅需要一个新时期的精神，更需要新时代中可用的新知，以及前代遗存的固有偏见有所减少的环境。不然，即便是像他那样知识广博的人，也必定会留给我们基尔感到的那种悲哀，不可能有别的结果。

不过，尽管有那些不可避免的桎梏带来的限制，达·芬奇的思想还是现代的，是同类人中首屈一指、令后世景仰的。就像每一个时代都有的真正的科学家，他受教于自然，并有意识地坚决禁止自己成为旧时思想的奴隶。旧思想有时悄悄潜进他对所见事物的阐释，但我们不应当一叶障目，以致看不到他在努力进行客观冷静的观察。他的文章只是偶尔才涉及古代伟人。他激烈地反抗既有知识与思想那无形的诱惑，多数时候是胜利的。"在讨论中依靠权威的这类人使用的不是理解力，而是记忆。"他写道。在最后的分析里，他只相信自己研究中的亲眼所见。然而他的文章中也难免出现失误，因为遗留下来的传统无处不在，哪怕是如此伟大的天才，思想也不能完完全全避免出错。

虽然人们常常将达·芬奇视为文艺复兴巨匠，但有大量证据表明，他只是部分地属于文艺复兴时期。他表现出的对生命和自然的热情是文艺复兴人文主义的主旨，与此同时，他又避免对古籍的依赖，避免因盲目崇拜而照搬人文主义的原则——这些原则使这一时期的其他学术研究都具有人文主义的特点。"研究古人而非大自然之杰作的人,"他写道,"是自然的继子而非亲生子,而自然是一切杰出作者的母亲。"在他之前,人人对亚里士多德、托勒密和盖伦的著作都无条件地接受并为其作证,对这些学说进行检验和挑战的,他是第一人。达·芬奇的基本理念体系源自先贤的著作,这不过意味着,他其实是他的时代中一个会犯错的人;在他犯下的最大错误及错过的机遇中,有些是由于他身处其中不可跳脱的古典式思维背景。他的天文学观点大部分与托勒密的一致,他的生理学思想则获自盖伦。不过,当他"充分欣赏大自然的无穷杰作",用客观的目光看到了有悖先贤理论的东西,他是会毫不犹豫地承认的。因此,我们才可能在他的一本笔记里读到如下语句:"太阳并没有移动。"这在当时绝对惊世骇俗。他的终极目标是质疑先贤的思想遗产,寻求能切身验证的真理,于是,当同时代的人深信某些领域早已被准确测绘时,达·芬奇还能够开拓出新的道路。

达·芬奇科学研究的核心即实验法,是研究自然的方式之一,据说直到17世纪才开始推行。实验法是所谓科学革命的关键,而17世纪正因科学革命广为人知。但达·芬奇早已经从黑暗中觉醒。假如再沉睡两百年，他将摆脱更多束缚，受益于更多知识和技术。那么毋庸置疑，他给后世留下的巨大财富可能媲美——甚至超过——开普勒、伽利略、哈维甚至牛顿的成就。

这就是令我着迷了这么多年的列奥纳多·达·芬奇，他解剖学者的身份尤其吸引我。他那伟大的艺术才华以及杰出的画作享誉世界。毕竟，他生活的时代视艺术上的成功为荣耀，上至王公贵族下至平民百姓莫不如此。一代之后的乔尔乔·瓦萨里（Giorgio Vasari）作为为艺术家著书立传的艺术家，用自己的文字给世人留下了不可磨灭的达·芬奇形象："确实令人钦佩，拥有神一般的天才。他若非如此多才多艺，也许会成为一位科学家。但性格中的不安分让他对许多事半途而废。"这些话收录于瓦萨里1568年版《艺苑名人传》（*Lives of Artists*），是远远早于达·芬奇的任何科学成就为人所知的时候写的。与那个时期的其他人一样，瓦萨里更多是将达·芬奇当作一个本可能更为多产的艺术家，而没有认真探讨过如果他对科学更加重视，会取得什么样的成就。达·芬奇只不过热切渴望回归科学工作，这却被误认作变化无常，而实际上应该说，他是在进行科学工作，却常常因更实际的艺术创作问题而分神。在很长一段时间中，他开始对绘画真正不耐烦了。于是，加尔默罗会副主教弗拉·彼得罗·迪·诺韦拉腊（Fra Pietro di Novellara）在 1501 年 4 月写给一位急切的资助人，曼托瓦侯爵夫人伊莎贝拉·德斯特（Isabella d'Este）的一封信中，不得不试图解释她委托绘制的肖像为何迟迟没有完成："（他的）数学实验令他无暇绘画，他甚至无法放下实验去拿起画笔。"对这样的态度，除了他的少数几个同事和资助人，没有人能够理解。虽然瓦萨里对达·芬奇的解剖学研究大为惊叹，但他认为达·芬奇的继承者弗兰切斯科·梅尔齐（Francesco Melzi）只是"将这些解剖学绘图视为遗物而珍藏"，因为那是它们的唯一价值。

如今我们了解得多得多了。我们知道，尽管达·芬奇开始解剖学研究是为了促进自己的艺术，但是这项研究逐渐带上了自发的热情，最终变成了达·芬奇的主业之一，他在其中倾注了大量才能。我们还知道，正如他在其他领域的探索一样，他把所处的时代远远抛在身后，甚至没有意识到自己达到的高度。病史学家查尔斯·辛格（Charles Singer）曾说："（他的）解剖学笔记……透露出了他是怎样的一个人：史上最伟大的生物学研究者之一。他在无数方面均领先于同时代者数个世纪。"我们还知道，对达·芬奇手稿的研究越多，人们就越不把他看作卓越的艺术家，反而首先视之为科学家。他作为艺术家与工程师而具有的技艺与使命令他有能力醉心自然，上下求索。

我着迷的不仅仅是达·芬奇对解剖的研究，还有他的难以捉摸。奋力登上芬奇或安奇亚诺的一座陡丘，除了"可能……"，什么也没发现，这还真是具有象征意味，象征了一个普遍问题，不但专业的达·芬奇研究者面临这样的问题，而且我们这些努力想了解他的人亦然。日期、真相、已知事件太少，如果我们要了解怎么会有这样遗世独立的人物，我们需要知道得更多。蒙娜丽莎的微笑及其创作者的生命力是两个同样深奥难解的谜。也许那个微笑本身就是达·芬奇向时代发出的终极讯息：你们对我的了解只是冰山一角；虽然我在笔记本里和你们亲切地谈话，甚至就像我对自己说话一样，但我保留了最终的提示，一并保留的还有我的精神深处，以及将我塑造成我的神秘原动力；尽你们所能寻找吧，我只会与你们谈这么多；其余的请允许我保留，因为我注定会了解你们永远不了解的。

从出生至三十岁

1452 年初春的一天，一位事业有成、年逾八旬的地主记录下了最近家里发生的一件大事："4 月 15 日星期六夜晚三点钟，我的孙子降生了，是我儿子瑟·皮耶罗（Ser Piero）的孩子。他名叫列奥纳多。"后附一份名单，包括为孩子施洗的神父和出席洗礼的十个人。用如今的计时方法换算过来，孩子的出生时间是晚上十点半。

　　这位名为安东尼奥·达·芬奇（Antonio da Vinci）的老人与他的父亲、祖父及曾祖父一样，曾经是一名出色的公证人，而他的儿子瑟·皮耶罗也一样。因此，他久已习惯于记下家族史上意义重大的标志性事件。可以说，正是由于他这一坚持不懈的习惯，我们才得以了解达·芬奇最初三十年的人生。关于这个被许多人称为"世上最伟大的天才"的人，这是我们所知的为数不多的确定事实。达·芬奇的天才之处不仅表现为其过人的悟性和才能，还表现在他将这些天赋运用到异常广泛的兴趣领域之中。无论进行何种领域的探索，他都既像业余爱好者般充满热情，同时又拥有专业人士的精湛技艺：绘画、建筑、室内设计、工程学、数学、天文学、军事、航空航天、光学、地质学、生物学、河流改道和湿地排水、城市规划——最后，还有这本传记首要关注的领域——解剖学以及人体各部位的功能。

我们知道，利奥纳多（Lionardo）——也写作列奥纳多（Leonardo）——是私生子（love child），这个微妙的字眼隐含着伟大的激情的意味，而这激情在现实中更可能是情欲而非爱情的产物。达·芬奇的母亲是芬奇镇或邻近地区的一名女子。人们几乎对她毫不了解，只知道她名叫卡特琳娜（Caterina），后来嫁给了芬奇镇的阿卡塔布里格·迪·皮耶罗（Accattabriga di Piero）——1457年的税收记录单显示他是她的丈夫。那时他们住在安奇亚诺——属于瑟·皮耶罗家的土地上。前文提过，有人说达·芬奇正是在安奇亚诺出生的，也有人说是在芬奇镇——后者是一位受人敬重的权威人士，他坚称自己知道达·芬奇的确切出生地点："芬奇镇城堡的悬崖南面下的一幢东向房屋。"在这一大堆模糊不清的猜测里，谁又能肯定地说我于1985年拜访的废舍不会是这件大事的发生地呢？

卡特琳娜和她的孩子关系如何，无从知晓。她可能抚养孩子到快满一岁，因为这是当时普遍的习俗，但是唯一确切的信息是在安东尼奥的1457年纳税报告上出现了达·芬奇的名字，说他是一户人家的一个五岁孩童，旁边标注着"非婚生"。单单这一项资料，就足以说明很多问题。

爱德华·麦柯迪（Edward McCurdy）是研究达·芬奇的最著名的学者之一，在其1928年的权威性著作《列奥纳多·达·芬奇的心灵》（*The Mind of Leonardo*）里，他认为他的研究对象不但出生在安奇亚诺，而且"在那里度过了童年"。这表示小达·芬奇就像其他孩子一样，直到1457年他的名字被登记在案之前不久，还与他的生母待在一起。尽管这只不过是个猜测，却跟弗洛伊德1910年寓言式的（要从其多种含义上去理解这个词）专著做出的假设不谋而合。这本专著讨论达·芬奇的性欲和可能具有的同性恋倾向与他取得的成就之间的关系，编得神乎其神，名气很大。肯尼斯·基尔也表达了同样的设想。对这个话题，别的人要么完全避而不谈，要么小心翼翼地一笔带过，例如英国科学史学家艾弗·哈特（Ivor Hart），在研究了达·芬奇生平约四十年以后，于1961年撰文写道："达·芬奇出生几年后被（瑟·皮耶罗）家族接纳。"

私生子降生不久，二十五岁的瑟·皮耶罗娶了一位上层人家的姑娘阿尔比若·迪·乔瓦尼·阿马多里（Albiera

di Giovanni Amadori），可他们未能生育一儿半女。有些传记作家因此力争，说这对没有子嗣的夫妻度过了灰心丧气的五年后，把小达·芬奇带到芬奇镇和他们一起住，善良的阿尔比若将达·芬奇视若己出。这样看来，在人格形成及发展的最关键时期，达·芬奇是作为独生子生活在卡特琳娜的疼爱也许还有溺爱中的。如果这一构想正确的话，在这最初五年中，他实质上相当于没有父亲。

当然，我们无法得知以上任何一条猜测准确与否。孩子也可能是在卡特琳娜嫁人时被送到生父家，不管这是什么时候的事。或许他在断奶后即被送到芬奇的大房子里。故事充满了"可能"，以至任何猜测都是可以成立的。小列奥纳多在生命的最初五年应该是和未嫁的母亲生活，这符合弗洛伊德有关同性恋根源的理论。在这个构想里，孩子成了性吸引唯一的中心——通常这种情欲是分散在孩子及其父亲身上的——在这种情况下，由于注意力只聚焦在一点上，爱会更加炽烈。弗洛伊德在其专著《列奥纳多·达·芬奇：性心理研究》(Leonardo da Vinci : A Study in Psychosexuality) 中如此阐释：

所有男性同性恋者都对某个异性存有一种

非常强烈的性依恋，一般是对母亲，这在孩童最早期很明显，后来即被本人完全忘却。母亲的溺爱会助长这种吸引力，而童年时缺乏父爱也会让它加强……对母亲的依恋不会有意识地持续发展（因为这对孩子来说构成了很大威胁），因此它就受到压抑。为抑制自己对母亲的爱，男孩把自己置于她的位置，取得与她一致的身份认同将自身设为范本，在选择恋爱对象时用以指导，选择与自己相似之人。于是，他成了同性恋者；事实上，他回到了自体性欲阶段（the stage of autoeroticism），因为现在他已成人，他爱的男孩只是替代或唤回孩童时期的自己的人，他爱他们就和他母亲爱他一样。我们说他是在通往那喀索斯（Narcissus）的自恋之路上找到恋爱对象的，因为在古希腊神话里，名为那喀索斯的少年迷恋自己的水中倒影胜过一切，最后化为一株美丽的水仙。

无论还有哪些形成男性同性恋的因素，生物学的也好，经验论的也好——弗洛伊德承认，"我们认识到的形成过程也许只是众多过程之一",其中还有"未知因素在共同作用（现在普遍认为是遗传的影响）"——至少在某些同性恋男性的心理发展过程中，母爱过度和父爱缺失可能造成重大的关键性影响，这一说法一直都是一个重要的心理学命题。尽管近年来饱受争议，但不少精神病院治疗病人时仍然将此项理论视为有效依据。

提及这方面话题的传记作家极少表示，他们怀疑达·芬奇是同性恋者。1936年，肯尼斯·克拉克在耶鲁大学美术学院瑞尔森讲厅里发表了这个著名的观点。虽然克拉克的有些推论有悖当时公认的刻板印象（stereotypes），但另一方面，他的观点引人思索："在我看来，达·芬奇是同性恋者的证据……隐含在其很大一部分作品里，同性恋者也解释了为何他的作品中兼有两性特征的形象以及有厌倦形式的特点，任何敏锐的观察者都能发现这些特点并做出自己的解释。这也解释了他为何衣着华丽、淡漠避世、神秘莫测，为何在他的大量文字中几乎没有一字一句提到女人，除此之外很难有别的解释。"克拉克大概也谈到了达·芬奇特别喜爱接受迷人的男孩和青年作为学徒和侍从，和达·芬奇本人同时代的评论家们对这一事实议论纷纷，他们深谙其中缘故。

这些证据当然不足以定论，但数量众多，而且也没有反证来推翻对这些事实的普遍解读。

无论在其手稿还是在别人关于他的回忆录里，都没有迹象表明达·芬奇公开有过任何形式的性活动。弗洛伊德认为，达·芬奇属于极少数人，"一开始就通过升华将性欲转化成好奇心，通过进一步增强的研究冲动（否则这种冲动将向性好奇发展），释放受到压抑的性欲……探究在某种程度上变得令人上瘾，从而取代性活动……不再受到婴幼儿期对性的原初探究情结的奴役，可以自由地将这种冲动运用到智力兴趣活动上。性压抑导致性欲升华，从而让这种研究的冲动愈发强烈，而研究冲动亦通过戒除一切与性有关的活动，以表达对性压抑的效忠"。

对达·芬奇的天赋与异常广泛的成就的根源，弗洛伊德用寥寥数语做了阐释。简而言之，受压抑的性冲动被升华为好奇心和智力探索。性欲的全部能量本应集中到某个恋爱对象身上，却被转而投入工作中。我们所有的人，不论是异性恋者或同性恋者，多多少少都会把性欲升华，不过在弗洛伊德看来，达·芬奇的这种升华是彻底的。达·芬奇可能凭直觉感知到了这种模式的正确性。在学者们收集编撰的达·芬奇手稿集《大西洋古抄本》

（*Codex Atlanticus*）里，可以读到如下的话："求知欲驱逐了肉欲。"

弗洛伊德的论述受到嘲笑，最近几十年来，他的理论越来越不流行，也就有越来越多人对这个观点表示否定。然而，性压抑和性欲升华的原理依然被大众接受，以致人们很难理解弗洛伊德研究达·芬奇的专著所引起的强烈反对。确实，弗洛伊德犯了一个大错，他曲解了达·芬奇笔下的一段童年记忆：他受到前人的误导，把"鹰"当作"秃鹫"，并由此误用神话，作为父亲缺位、母亲溺爱的孩童口交幻想的证据。而达·芬奇的实际解释是："我总是深深被鹰吸引，这似乎是注定的，因为我回忆起我的一段最早记忆，当我还躺在摇篮里时，一只鹰落到我面前，用尾巴打开我的嘴，并拍了我的双唇很多次。"弗洛伊德认为，这与其说是一段记忆，不如说更可能是一种幻想，他进一步借助古希腊神话对秃鹫的意象进行详细分析。弗洛伊德还错误地以为自己的构想有了证据支持，那就是达·芬奇的生长经历完全符合他的理论。

即便我们可以把达·芬奇的回忆理解成口交幻想，依然没有办法支撑弗洛伊德的观点。当然，达·芬奇可能是同性恋者，但同时仍然没有证据表明他曾进行性活动。达·芬奇是同性恋者，他升华性欲，将性欲转变成追求众多才艺的激情，以压抑自己的性冲动，这一切都是假设。假如从推导过程中去掉弗洛伊德这个被用滥的名字，我们就能得出一个显然合情合理的解释，来说明达·芬奇天赋异禀的原因。他显然才智超群，再加上这种升华，我们可以既将他视为弗洛伊德学说渲染造就的传说，又把他看作真实人物。

关于达·芬奇的早年问题，或者至少关于他与亲生母亲的关系，应该如何看待？如果忽略更"现代"的评论家的抗议，而认同某些男同性恋者的性取向可能与弗洛伊德所述的原动力有关这种理论，那就不得不认为达·芬奇很可能属于此类男同性恋。假如的确如此，那么他幼时住在哪里无关紧要。不管在芬奇还是在安奇亚诺，假设他在那段时间内的亲密母子关系确实符合这套理论——如果对象不是生母，那就是没有孩子而将他视为己出的继母，要是还有父子间形同虚设的关系，多年来众多精神病学家都相信它对某些同性恋者的心理生活起作用，那么做出这个假设也不算牵强。

然而，这一切都几乎无法完成证明过程。只要论证里出现一个"如果""也许""可能"——"某些""应该"

"可能的"等词将进一步削弱说明效果——我们就是在用最少的信息玩猜谜游戏。因此，整个推论与达·芬奇的其他传说同台争鸣。从瓦萨里开始，大量推断甚至假想都是建立在摇摇欲坠的历史依据上的，比大多数人对人物盖棺定论所需的历史依据更加不稳固。德高望重的英国评论家沃尔特·佩特（Walter Pater）在 1869 年关于达·芬奇的著名论文里似乎道出了各种缘由："达·芬奇的天性内有一种魔力。"他写道："一说到他，人们总是用魔力这个词。"这种魔力超越了我们许多人对古今其他人物的感觉。也正是这种魔力令我们在跳过猜想、试图理解这个最难懂的人时，带上了直觉、感情，甚至入迷的感觉。解读他的同时，我们也是在解读自己以及自身隐藏的奥秘。他给我们施了魔法，我有时怀疑这一切都是他的预谋。

在这种心态下——研究达·芬奇的众学者们，包括顶尖的大师都有这种心态——比起所谓芬奇学（Vinciana）的许多理论，我提出的这些假想也不会更令人难以置信，所以请多包涵。我只是如弗洛伊德一样希望，关于我的研究对象成为同性恋者的根源，人们不会立刻对我的观点嗤之以鼻，而是通过如下故事认真思考一下。

一直到快十五岁，达·芬奇所受的教育大概在很大程度上由阿尔比若女士和她的婆婆蒙娜·露西亚（Monna Lucia）完成。达·芬奇降生时蒙娜·露西亚五十九岁。她们似乎还请了数学和拉丁文的家庭教师，不过无法确证孩子究竟接受了多少正规指导。他从未真正掌握古典语言，这可能部分得归咎于缺少早期教育，但他长大后好像并没持续努力学习，尽管他偶尔涉足拉丁文。他对一些用希腊文、拉丁文以及阿拉伯文写作的学术权威的了解显然来自读意大利文译本，或者来自跟博学的同仁讨论。至于古典和近代的作品，据与他同时代者所言，他是"一个文盲"。

这也许有某种好处。正如著名的科学史学家乔治·萨顿（George Sarton）所说："于是，达·芬奇幸运地免于辩证而空洞的学习。古科学衰落之后，这种学习的负担越来越重，致使真正的独创越来越困难。"

在达·芬奇十五岁到十八岁期间，父亲瑟·皮耶罗那时已举家迁至佛罗伦萨，租下一所房子，同时仍保留着芬奇镇的地产。据说他向该市一位大艺术家安德烈·迪·乔尼（Andrea di Cione），即韦罗基奥（意为"真实的眼睛"），展示了一些他儿子的画作，还有这个男孩喜欢制作的一些雕刻作品和黏土模型。当时韦罗基奥三十五岁上下，对男孩的出众天赋表示出很大兴趣，收他为弟子。这件事本身就意义非凡，是达·芬奇生命中一个有利的转折点，因为这位大师的工作室的业务涉及广泛的艺术领域。至于韦罗基奥本人，与其说是画家，不如说是雕塑家，更是一位大受欢迎的设计师和工匠，擅长制作用于宗教或装饰用途的金属艺术品，同时他还制作乐器。由于他自己在艺术上的兴趣多种多样，学生们也得以不受拘束。他们用银、大理石、青铜和木头进行创作，打造头盔、鸣钟和大炮。在这种氛围中，达·芬奇这样拥有天资的年轻人理所当然地将茁壮成长。

达·芬奇确实成长迅速。他不仅在艺术上进行出色而多样的尝试，而且在某些个人特质上也是如此，一切很快就表现了出来，用瓦萨里的话说，芬奇这个学徒"证明自己是受上帝特别眷顾的"一个幸运儿。除了瓦萨里，其他人也写到达·芬奇相貌英俊、身体强健、姿态优雅，他擅长用里拉琴自弹自唱，有种迷人的气质，无论是熟识的人还是陌生的人都为之倾倒。他始终出奇的沉稳镇静，性情又温和愉悦。他的一生都保持着这些特性。关于他游历佛罗伦萨大街小巷的故事广为流传——这些故事众口一词，不容置疑——他身穿色彩鲜艳的衣服，外衣明显比流行的时尚要短，不时买下一只笼中鸟放生，仿佛是为了展示自己的自由精神以及对任一形式生命的尊重。在佛罗伦萨期间，达·芬奇成熟了，从青春蓬勃、动人心魄的美少年，长成为一个才华横溢、风度翩翩、泰然自若的男子。然而，不安甚至恐惧的暗流在涌动。在他这一时期的一本笔记中，我们可以找到他对多次独自探索佛罗伦萨附近山区的有趣回忆：

> 我在悬垂的岩石间漫步了一段距离，来到一个巨大的洞穴口。在洞口，我惊呆了，好一会儿没有动弹，没意识到它的存在——我弯下身子，左手紧抓膝盖，右手举到低垂而紧皱的眉前……就这样待了一阵之后，我心里忽然冒出两种情绪——害怕和渴望——害怕黑暗而显得危险重重的洞穴，却又渴望看看里面到底有什么奇观。

这段简短的冒险记录有趣至极，里面有许多引人思考的东西。后来达·芬奇在岩洞中发现了一块巨大的鱼化石，如果他没有因极度好奇而克服恐惧，是不会找到它的。毕竟，这是个为周围一切美的事物着迷的年轻人，在其生命的那一阶段里，他习惯在佛罗伦萨街头尾随别人，画出了一系列相貌奇特甚至古怪的人像，显然，他在反感那些怪异的面容的同时却又受到吸引。佩特探寻"他笔下掠过的形形色色奇形怪状的人"的意义，认为"在这位优雅青年的心目中，极端的美和极端的恐怖混在一处，自成一体，形成一个可见可触的形象，这个形象扎了根，伴随了他此后的一生"。佩特自己都没察觉，他的意见解释了很多问题。同样的话还有："所谓的对腐败衰朽的迷恋一点一滴地渗透其精巧完善的美。"

关于达·芬奇的洞穴历险，需要说明的一个重点是，由此获得的一项发现最终让达·芬奇确信——这要比莱尔和达尔文等人的研究结论早数百年——地球和地球上的生命比教会所教授的要古老得多，并且在不断变化。当然，在某种程度上，我们全都有那种既害怕又渴盼的两极化感觉，可我们深思一番就不免会想到，在达·芬奇这个例子里，两种分化的感觉如此极端，如此强烈，它们的相互作用影响了许多他最重大的事业进程。我要说，这些事业之中最值得注意的，就是他的解剖学研究。

在随后的岁月里，达·芬奇进行解剖的条件很恶劣。他不但得强迫自己克服对死尸的恐惧（产生恐惧是很自然的），还得解决额外的问题，那就是在研究必需的短暂时间内无法保存尸体，这意味着他必须在未下刀之前就开始在腐烂的尸体上工作。不过他的好奇心一如既往地胜过了恐惧。他很清楚进行这种研究的顾虑，这在他给想当解剖学研究者的人的忠告里写得明明白白：

> 虽然你对这个领域有兴趣，但可能会因生理上的厌恶而放弃，或者，假如这些没有拦住你，那么你也许还会害怕跟支离破碎、剥去皮肤、模样吓人的尸体一起过夜。

鉴于众多达·芬奇手稿的评论者都曾指出，他的解释文字有很多自我对话的特点，所以，以上的话也许其实是针对他自己的焦虑说的。不过无论如何，这不是随口一提，而是带着不少兴趣，他竟然公开谈起厌恶和害怕的话题，用词这么直接，人们很难从任何时期的解剖学家的专业著作里找到类似的言谈，尽管他们肯定都有同样的情绪。

达·芬奇最早进行解剖学研究是在佛罗伦萨的旧圣马利亚·诺瓦医院 [顺便说一下，这所医院由福尔科·波尔蒂纳里（Folco Portinari）建于 1255 年，而福尔科是但丁作品中贝亚特丽斯的父亲]，而且可能是在韦罗基奥的怂恿下开始的——据说韦罗基奥对他的学生很强调研究表层肌肉系统的重要性。在此之前，对切开人体的旧禁令已经变宽松很长一段时间了，当时人们所说的"解剖"，在某些情况下，是用于教学和法庭审判的目的。达·芬奇做解剖，开始是为了促进艺术，在他热衷探索的双手中，解剖渐渐开始带上了侧重研究的性质。我们可以合理而明确地说，他是第一位不止步于切割人体表皮的艺术家，因为缺乏能推翻这个说法的证据。实际上，他也许还是第一个试图以解剖学的精确度描画内部器官的人。在他之前，没有哪本医学书籍用图解、哪怕是符号形式展示内脏。用不了多少年，达·芬奇就不会再在解剖时想到绘画；他要努力发现人体构造的秘密，以便了解其运作方式。他在研究人的本质。

但在佛罗伦萨度过的那些年里，吸引这位年轻艺术家的还有很多其他的东西。他那永不餍足的好奇心在不停寻找和投身新的挑战。达·芬奇很快意识到，一个优秀的画家必须掌握透视原理、光影的运用，甚至眼睛成像的方式。他博览群书，但几乎可以肯定读的是译本，因为以他的拉丁文水平不足以理解原文。他研究几何学、力学、鸟的飞行、动植物学、光学、军事工程、水力学、建筑学——他开始从近乎科学的角度去看待艺术。反之亦然：他以艺术家的目光看待科学。连达·芬奇本人，这个领先自己时代几百年的人，也不可能一开始就意识到，他发现的方法多么令人振奋。

对于达·芬奇在佛罗伦萨的第一段时期内的艺术作品，人们鲜有确切的了解，他也没有留下完整的作品。他跟随韦罗基奥学习时，的确留下了创作作品的些许痕迹，还有在学徒生涯结束后到 1482 年前往米兰之间的近六年里，中断的研究又继续进行。事实上，在韦罗基奥工作室的画里无疑看得到他的手笔，他曾在学徒期满后的某个时候受委托，为斯科派托（Scopeto）的圣多纳托（St. Donato）修道院的修道士们绘制祭坛装饰画。主题是"三圣贤的朝拜"，但画作最终没有完成。这幅未完成的画作现在收藏于乌菲兹美术馆（Uffizi Gallery）。稍早之前，还有一个任务他也半途而废，那是一项来自佛罗伦萨立法机构斯诺利亚（Signoria）的委托，为他们的小教堂画祭坛装饰画。这项工作似乎根本就没开始。正如麦柯迪指出的，虽然达·芬奇在佛罗伦萨的第一个阶段中思想有了很大进步，人们对此也了解了不少，但是关于他真正做了什么，甚至他的生活细节和生活方式，如今几乎找不到有用的记录。

当时的佛罗伦萨被美第奇家族统治，这个家族十分了解如何维护权力，包括鼓励公民捕风捉影，检举告发。因此，达·芬奇和三名同伴于1476年被指控鸡奸十七岁的雅各布·萨尔塔雷利（Jacopo Saltarelli）。雅各布是该市有名的男妓。两场听证会后，指控最终在当年6月因证据不足而撤销。这件事说明什么？巧合之处在于，1476年也是瑟·皮耶罗经过两次无子嗣的婚姻，第三次娶妻并终于再次当上父亲的一年（以后还会有十个孩子），这又说明什么？在达·芬奇二十四年的人生中，这是他第一次面对自己并非独子的情况。他被一个合法婚生的继承人取代是不是导致他鲁莽行为的原因？

这个问题的答案部分取决于人们对达·芬奇的罪行的看法，这是几乎所有传记作家都拿不准的。这个插曲是达·芬奇性活动唯一的蛛丝马迹，而他一生中那些最为勤勉的学生认为此事根本没发生过。指控也许是恶毒怨恨、流言蜚语或无中生有的结果，但也让人不禁好奇，如果这些年轻人是清白无辜的，那他们做了什么才令自己身陷污蔑。同样令人好奇的还有，为何在达·芬奇受到指控那年，他与韦罗基奥的师徒关系显然解除了。两人仍然是好友，学徒期最后的很长一段时间里，达·芬奇大概还与他的老师同住，不过这时他的身份是独立的艺术家。这些环环相扣的事件极有可能只是巧合——仅此而已？这种问题到了想要理解五百年前那个神秘莫测者的人们面前，早就被抛到九霄云外去了。可惜鲜有包含真凭实据或言之凿凿的回答，以供我们评判。

达·芬奇还年轻时，就是个道德说教者。当他明确声称自己没有性生活，无论是出于潜意识的压抑——如同弗洛伊德断言的那样——还是出于有意识的选择，我们都没有理由怀疑他的真诚。以下这些话，究竟是出自一个无视肉欲诱惑的人，还是出自一个奋力抵抗性欲，且时刻戒备它反扑的人呢？我们不得而知。

> 无论是谁，只要他不约束自己的色欲，就会置自身于跟野兽无异的水平。一个人对自己既可能无比严苛，也可能无比放纵……比起亡

羊补牢，防微杜渐更为容易。

如同达·芬奇的其他传奇故事，人们会为了迎合某些先入之见对这些句子做出解释，然而，它们构成了一个人形象的片段，无论有意无意，这个人拒绝流露出持久的性欲。

在种种先入之见里，总有一股超脱凡尘的意味。在有些人看来，对达·芬奇来说，促进自己的艺术和科学研究是唯一真正重要的问题。在很大程度上，这一看法是正确无误的。可是为达成其目标，他需要有实力的赞助人给他资助和保护，而且他也会不择手段地获取这些资助和保护。成年之后，他一再根据当地变化无常的政治关系做出现实的决定，在这片土地上，美第奇、斯福尔扎（the Sforzas）和波吉亚（the Borgias）等家族争夺权力的斗争永未停歇，外族统治者的侵略势头从未减弱。第一个达·芬奇式的现实政治（Realpolitik）事例发生于1481年，他当时二十九岁，是佛罗伦萨的一位独立艺术家。

那年年初，达·芬奇给米兰的统治者卢多维科·斯福尔扎（Ludovico Sforza）寄去一封信，其实那是一份求职信。众所周知，卢多维科当时正考虑着两个问题，达·芬奇的去信恰到好处地利用了这一点。比较重大的一个问题是，四面八方的敌人争相入侵，带来迫在眉睫的危险，米兰不仅正受到东面尤其是威尼斯的威胁，还面对着南面罗马教皇的军队以及北边法国的压力。稍次要的问题是卢多维科希望找到合适的雕塑家，制作一尊其父弗朗切斯科的骑马像，以表纪念。

这封信最明显的特点即几乎完全没提及达·芬奇最受赞誉的能力。在这封十二段的信函里，只有最后一段算是谈到了艺术。即便如此，所谓谈到也只是一个非常简洁的句子，与信的前文截然不同。在前面的长篇大论中，达·芬奇十分有说服力地表明自己是一个经验丰富、善于创新的军事工程师，在和平时期既是建筑师，还可以修运河，造纪念碑。只是在最后，达·芬奇才补充道："我能做出大理石、青铜和黏土的塑像；至于绘画，我不会比任何人差。"

假如不是因为达·芬奇需要借此引出紧接下来的句子，他或许连这些关于自己艺术造诣的事都不会提到。"特别要说一下，我保证完成青铜马，连同不朽的荣光和永久的荣誉一道，保存对您父亲及杰出的斯福尔扎家族的怀念。"达·芬奇相当自负地（也是显然没有事实依据地）声称作为一个战争工具的制造者，自己比其他人有优势。而关于自己的艺术才能，他低调的陈述却又显示出与之完全不同的感觉，一个典型的例子是："如果大炮不能使用，我能用弩和其他前所未有的绝妙的发射武器代替。简而言之，遇到这种情况，我能够设计出无数进攻方法。"以达·芬奇的话说，其他人的方案，"实质上与普遍采用的并无二致"，他的办法却是他"自己特有的秘密"。

事实上，达·芬奇画了许多草图以证明对自己的独创性所言不虚，但他在把理论变为现实方面缺乏经验，绝非向卢多维科夸耀的那样。在他的所有手稿中出现的第一个确切日期是1489年，不过，许多令现代人都惊叹不已的军事工程草图，很可能是在给卢多维科写信之前完成的。不论在设计上还是在理念上，它们都远远超出同时代的任何事物。显而易见，他尽心竭力地研究过自己设计出的每一件武器装备的结构。不仅如此，他肯定还对战斗形势做过深入钻研，掌握了必需的详尽知识。有人认为，在这些早期的画稿和设计图里，出现了毒气、烟幕弹和坦克的雏形，这也并不算过度解读。无论这些构想中的工具器械原本能否实现，我们都永远无法明白发明者的意图，因为似乎没有任何一样真的制造出来了，哪怕是尝试制造。然而，达·芬奇仍然通过它们达到了这封信的目的。他获得聘用，于1482年迁至米兰，在那里度过了差不多十七年时间。直到卢多维科财力不济，达·芬奇才不得不离开，再次去寻求可靠的赞助人。

事实上，卢多维科决定让达·芬奇来米兰，也许其他因素也起了很大的作用。当时一部佛罗伦萨艺术家的零碎传记集《匿名者之书》（Anonimo Gaddiano），记录了达·芬奇在佛罗伦萨的最后几年。1476年，他与韦罗基奥的师徒关系似乎走到了尽头。大概是在其后的某段时间，达·芬奇有一阵与"伟大的洛伦佐"（Lorenzo the Magnificent）同住。这位大人物对年轻艺术家的才能极为欣赏，在圣马可广场的花园里为他腾出空间，显然是让他对古代雕塑品做些工作。《匿名者之书》记述，洛伦佐的举荐是达·芬奇被召至卢多维科麾下的关键要素，而具体的契机则是美第奇希望为自己的同盟者献上一把银制里拉琴。临终前不久，达·芬奇在一篇隐晦不清的评论里提及的或许就是这次慷慨的人情："美第奇造就了我，也毁灭了我。"假如这话的含义和它字面上一致，达·芬奇于1482年迁往米兰正是所谓的"造就"，而他最后在罗马的羁留则是"毁灭"。

从三十岁至四十八岁

其实，达·芬奇被召至米兰，并非因为他对自己设计的军火器械和作战方法的描述，而是出于更加和平的目的。一到当地，他就发现赞助人已经改变政治策略，不再采取好战的态度，转而使用外交手段。至少在那个时候，对武器装备和防御工事的需求大大减少。在达·芬奇自己的笔记里，正因为他能制作弗朗切斯科·斯福尔扎的塑像，卢多维科才专门召唤他。这个说法符合卢多维科的意图，也符合卢多维科的名声。

要想了解卢多维科·马里亚·斯福尔扎，必须回溯到其父辈。父亲弗朗切斯科出身于农户人家，逐级晋升，成为米兰将军。他兼具精明的政治头脑和杰出的军事才干，又与上一任统治者菲利波·维斯孔蒂（Filippo Visconti）的女儿缔结了一桩政治婚姻，更获得佛罗伦萨的科西莫·德·美第奇（Cosimo de' Medici）的帮助，终于在1450年登上米兰公爵的宝座，在实质上从菲利波·维斯孔蒂的既定继承人手中篡取了权力。他于1466年去世，其长子加莱亚佐（Galeazzo），一个生性残酷的暴君，继承公爵之位，但十年后即被刺杀，留下七岁的儿子吉安（Gian）继承爵位。卢多维科说服了他的兄长加莱亚佐，一旦吉安死去却没有继承人，便由他继任。于是，虽然吉安的母亲成为摄政者，但是卢多维科凭借其特有的狡猾刁钻，待体弱多病又不甚聪慧的吉安一满十二岁，即宣布他适合登上爵位，从而废黜了摄政者，以其无能的侄子的名义掌握了统管米兰的大权。在这个故事结局中唯一的奇事是吉安竟继续活了好几年，直到1494年才离奇暴毙。在这一年，"摩尔人"——这是人们对肤色黝黑的卢多维科的戏称——登上爵位。实际上他从1482年起就掌握了公爵的大权。

在那动荡不安的年代，贵族血脉只能延续寥寥几代，一旦大权在握，各大家族纷纷竭尽所能地纪念自己的丰功伟绩。也正是在时局纷乱的刺激下，再加上皇亲贵胄以及巨商富贾的一掷千金，无数伟大的文化进步涌现出来。对于声名显赫的意大利家族而言，通向永恒荣誉的大道，就是利用他们领地上大批出色的艺术家和思想家的才华。虽然这些统治者是政治上的专制暴君，但米兰的斯福尔扎、佛罗伦萨的美第奇和罗马的波吉亚这几大家族还是孕育出了一种气氛，文学、美术和哲学在这种气氛中不受束缚地兴盛繁荣起来，且福泽后世。弗朗切斯科修建医院，并将形形色色的学者召集至门下，为斯福尔扎家族铺设兴旺之路。不过，在资助艺术方面，其子"摩尔人"可远远超过了他。尽管"摩尔人"取得的实际成果不如"伟大的洛伦佐",但"摩尔人"为米兰做的跟美第奇家族的同辈为佛罗伦萨做的是出于相同的目的,跟波吉亚家族为罗马做的也如出一辙。

卢多维科将一大批艺术家和文人学者聚集在自己身边。宫廷诗人贝尔纳多·贝林乔尼(Bernardo Bellincioni)这样写道:"他的宫廷内挤满艺术家……每个学者都争相来到这里,仿佛蜜蜂飞向蜂蜜。"尽管召来达·芬奇的直接动机是设计和创作雕塑,但是卢多维科心里还为他作了更多安排,早在达·芬奇寄去那封信之前,卢多维科对他的名声已有耳闻。从同时期的资料中可以得知,尽管达·芬奇几乎没有实际完成的作品,但他此时已是一名尽人皆知的艺术家。他的《圣母领报》《圣耶柔米》和《贤士来朝》(后两幅画未完成)为他赢得了无数赞誉。用瓦萨里的话说,人们已经开始发现"许多事他开了头却从未完成",不过尽管如此,他仍然被视为拥有独一无二的超人才华的天才,无论哪个宫廷,都将因他的存在而增光添彩,并引来其他人才。

因此,卢多维科把达·芬奇请到米兰,是要借这位声名远扬的年轻艺术家,加上杰出高贵的赞助人洛伦佐,光耀门庭,充实自己的宫廷。虽然达·芬奇的第一项任务是做雕塑，但是事情很清楚，他的才华将在各个方面都得到充分发挥，其中军事工程似乎已退居幕后，不再重要了。

不仅仅是《匿名者之书》，瓦萨里也强调了里拉琴（虽然他用的词是"诗琴"）对于达·芬奇成功进入"摩尔人"宫廷的作用，并因此赞同前人关于这个芬奇人具有另一种才能的观点：

> 1494 年，卢多维科·斯福尔扎成为米兰公爵时，无比隆重地邀请达·芬奇前来为他弹奏诗琴。达·芬奇带来他自己发明的一把银制的琴，形状如马头，这种设计是为了使奏出的乐声更响亮圆润。达·芬奇是当时最出色的即兴演奏家之一。他胜过了在场的所有音乐家，以其多才多艺赢得了公爵的欢心，这位大人在他的圈子内是无比喜好艺术的。

（不可忽视的是，瓦萨里把达·芬奇到达米兰的日期弄错了，他以为是在"摩尔人"正式成为公爵的那一年，这种矛盾数个世纪以来一直阻碍对达·芬奇的研究。由于能找到的信息只有达·芬奇的传记概要——而其中不少来源的可靠性又存疑——有时候接受信息的标准摇摆不定。人们只能在回顾达·芬奇年表编写者的实际系列作品之时，尽力辨认出连贯的模式，摘取可能导向真相的零碎但有用的资料。)

　　到此为止，公爵希望艺术家到米兰的主要原因似乎确实是为了创作塑像。达·芬奇一向都对马的解剖构造很感兴趣，在离开佛罗伦萨的前几年他好像还在对动物进行解剖。虽然他画马的很多草图现在仍存于世，可他从未成功地完成斯福尔扎的塑像。塑像的完成或接近完成，只能等到五百多年后，到那时，现代美国的达·芬奇迷们经过努力，终于在 1999 年造出一座青铜马像，它或许能与达·芬奇的设想相符。[①]

──────────

① 由于没有成品模型及示意草图留存下来，现代这座塑像的意义不仅在于它是一件圆满完成的作品，更多地在于，它是人们对达·芬奇的意图的一种解读——除了他想塑造斯福尔扎骑马像之外的意图。去我的偶像出生地朝圣，我也许并不成功，但是我亲眼看到了那匹马。它在纽约比肯的铸造厂展出，在那里，它被分成六十块，跟达·芬奇的计划不同，他计划"一鼓作气地"把它浇铸完成。我在它被送到米兰的几天前前往参观。其实米兰人对此事的态度非常矛盾，尽管有些人认为美国佬的初衷是好的。这匹没有骑士的马现在被安放在距离城市中心很远的一个大广场，广场是米兰的赛马场——大竞技场的一部分。它孤零零地立着，无人看重，游客不会去欣赏它，当地人也遗忘了它。对米兰人来说，它只是又一个关于达·芬奇的杜撰，和出生地的杜撰有点类似。——原注

这座未完成的马雕像（15世纪那座）的故事也集中展示了达·芬奇的个性和那个时代混乱的政治局势。如同在其他很多事情上一样，达·芬奇在创作热情迸发时制作塑像，而这种热情时而喷薄而出，时而悄然退却，湮没于他各种各样的其他热情中。这件事一拖再拖，驻米兰的佛罗伦萨大使彼得罗·阿莱曼尼（Pietro Alemanni）再不抱希望，于1489年7月写信给洛伦佐，请求派一两名"惯于此类工作的大师"，因为他对达·芬奇会完成委托简直毫无信心。不能肯定的是，这些人是从达·芬奇手里把任务接管过来，还是只根据他的详细说明制作青铜像。不过，不久以后，这位大师便心血来潮地发起另一项工程。或许卢多维科的愿望只不过是要刺激犹豫不决的艺术家，让他采取行动。达·芬奇有一个本子主要记载的是光学方面的笔记，笔记本封面上有这样一句话："1490年4月23日，我着手写这本书，并另起炉灶制作一件马的塑像。"可是他肯定还是拖延了，因为这一伟大的时刻直至1493年11月才姗姗来迟。1493年，吉安的妹妹比安卡·马里亚·斯福尔扎（Bianca Maria Sforza）成为哈布斯堡皇帝马克西米利安（the Hapsburg Emperor）的新娘，在送她离开的豪奢庆典之上，二十六英尺高的黏土模型在斯福尔扎城堡的庭院里展出，前来参观的无数人大饱眼福。

达·芬奇的拖延得到了原谅。巴尔达萨·塔科内（Baldassare Taccone），一位宫廷诗人，用惊叹的诗句庆祝巨大的骏马黏土模型及其创作者的成功："且观此马之俊美！达·芬奇独立缔造。雕塑家、美术家、数学家，天赐之才百年难遇。"

然而，铸铜像的工程就此停滞，再无进展。1494年11月，本该用来浇铸雕像的约两万磅青铜被卢多维科运往费拉拉制造大炮。达·芬奇继续按计划制铜像，但他清楚工程注定搁浅。他曾有一次写信给公爵："对那匹马我没有要说的，因为我知道时机不对。"这封信如今只剩下片段，在遗失的那部分中，达·芬奇写了自己窘迫的经济状况，认为这是由于没有拿到酬劳却又得付钱给助手。卢多维科的财务状况似乎并不比他的资助对象好多少，因为1499年，他在政治上的地位处于最低谷。他把米兰郊外的一座大葡萄园送给达·芬奇，以此抵账。但是连这也只是在他沮丧的债权人对他百般请求之后才答应的。1500年，法国皇帝路易十二的军队占领了这座城市，加斯科涅（Gascony）的弓箭手们把马的黏土模型用作练习靶，损坏了大部分。最后，它彻底毁掉了。

达·芬奇在佛罗伦萨以独立艺术家的身份生活了六七年，却远没有成为有钱人。不仅雇主的酬劳给得相当小气，他搁置委托任务不完成的习惯也不利于进账。公平地说，他是一文不名地到达米兰的。虽然卢多维科慷慨地承诺给达·芬奇一大笔报酬，但他并没有言出必行。有时，他几周几月也不送钱来，达·芬奇就口出怨言。而且，在佛罗伦萨的最后几年，这位艺术家开始成为一家之主，在这个家庭里，学生、侍从还有几个朋友一起生活，不小的日常开销常常令他入不敷出。雪上加霜的是，他有一个备受批评的嗜好，即超出自己收入的生活——马匹、马车、仆人，以及奢华生活必备的一切——种种因素导致他频频欠账，或苦苦挣扎着维持生计。尽管如此，我们会发现，他还是能从四下里省出几个子儿。又或许他的生活并不像他表现出的那样拮据。也许他认为要从一位不情愿的统治者手里榨取金钱，唯一的办法确实就是哭穷，即便这个策略并不总是有效。在前文提到的那封给公爵的信中，他抱怨已有两年没有拿到任何酬金，为支付家里的开支，自己不得不接额外的委托。

除了在终于支付时还经常得苦苦等候的薪金，达·芬奇可以随意接受公爵之外的人的委托。这些委托往往是画肖像画和做研究，如果艺术家认真完成委托的话，大概会带来不错的收入。可情况并非如此。即使他的行为出了名的难以预料，但他作为艺术家的名气却更大，所以总有富有的家族和其他一些人来找他，希望他能完成口头答应或已动工的作品。他永远繁忙，在米兰的岁月密密麻麻地排满了紧张的活动。

　　从一开始，达·芬奇就厌恶卢多维科委派的工作，认为这干扰了他日益迷恋的科学研究。在佛罗伦萨这座欣欣向荣的文艺复兴之城，他常常投身于频繁的庆典和狂欢。节日里举办有形形色色的体育竞赛，达·芬奇擅长运动，身材健美，体格强壮，这一切使他成为一位技术精湛、热情高涨的参赛者。韦罗基奥常常被选为洛伦佐的庆典指导，他很高兴得到弟子达·芬奇的协助。在教会和非教会事务的各项庆祝活动中，他们一起设计服装，一起安排游行队伍的排列布局，使队伍五彩缤纷、蜿蜿蜒蜒地穿过街巷。

　　米兰如同佛罗伦萨一样，也是一个振奋人心、繁荣兴盛的城市，常常举办庆典和锦标赛。米兰依靠羊毛业和军火制造业致富，当时正准备发展有利可图的纺织和丝织业。一百多个作坊忙于制造盔甲和剑、枪、矛、戟等手持武器，以至于城市的整个中心都笼罩着一种军事氛围。城中有约三十万人口，由沿城市的铜墙铁壁分布的十五座作为坚固防御工事的塔楼保护着，从墙上七扇厚重的大门进出。公爵的城堡被城壕和高墙环绕着，仿佛一个很有威胁性的哨兵立在其中，看起来坚不可摧、牢不可破。

不出所料，卢多维科常常请这个新来的艺术家在庆典上表演。达·芬奇似乎不仅仅是设计师及艺术家，有时候还是典礼的指导。三十岁后，带着满脑子的其他任务，他定然愈发厌烦工作了，完全不像先前一样乐在其中，可是他别无选择。他带着全部的热情以及充沛的想象力投入到这些职责中去。"天堂盛宴"（the Festival of Paradise）是他创造的一场豪华演出，为我们展现出他的宏大观念。这场盛典是卢多维科下令举行的，目的是促进吉安及其妻子伊莎贝拉的感情。他们才是米兰的真正统治者。宫廷诗人贝尔纳多·贝林乔尼写道：

　　　　之所以被称为天堂，是因为它是由佛罗伦

萨的列奥纳多·达·芬奇大师运用伟大而巧妙的创造力和艺术打造出来的，总共有七颗转动的行星的天堂；七颗星分别由七个人代表，他们打扮成诗人模样，每一个都为伊莎贝拉公爵夫人献上颂词。

甚至待在米兰的最初那些日子里，达·芬奇也尽可能地把时间花在对数学、机械或光学的钻研上。他决心提高词汇量和语言水平，不辞辛劳地埋头于成千上万个意大利语单词和同义词里。他不浪费一分一秒，遵照自己的格言度过每一天："正像不用的铁会生锈，停滞的水会变质，遇冷会结冰，智力不锻炼也会衰退。"

达·芬奇对鸟的飞行很着迷，好奇人类有没有可能飞起来。他不只是好奇，还画出飞行器模型的草图，计算必须加以考虑的机械力。他拟定了一张书单，列出他于1499年离开米兰之前拥有的书，种类多样，涵盖文学、历史、科学和哲学，只有两本勉强算是关于健康和卫生的。没有解剖学书籍。

达·芬奇不时得以解剖一具尸体（可能是在马乔里医院的一个分支，德布若罗医院，有允许解剖的许可），并且从笔记里可以看出，他在空闲时把样品带走检查并画图。他是在佛罗伦萨开始解剖学研究的，但在米兰时才发展得更为精准，甚至在某种程度上形成了体系，远远超出了绘画的需要。他逐渐开始对人体进行科学性质的研究。用弗洛伊德的话形容就是："艺术家曾经利用'研究'来协助自己；而现在'仆人'变得强大了，反而压制住了主人。"

其至在这一点上也存在争议。查尔斯·奥马利（Charles O'Malley）和德·桑德斯（J. B. de C. M. Saunders）在备受重视的 1952 年著述《列奥纳多·达·芬奇的人体研究》（*Leonardo da Vinci on the Human Body*）中，表达了质疑，怀疑达·芬奇是否通过马乔里医院做研究，以在这些早期画作里找出的某些错误——在后来的例证中得到更正——作为例子证明达·芬奇这段时期的解剖知识来自观察、解剖动物以及阅读，而不是亲自解剖人体。然而，奥马利和桑德斯确实指出，到米兰时期结束为止，达·芬奇已提出从横断面描画四肢的创新方法，另外还有从不同角度画结构的方法，"好像观看者能够完完整整地绕它一圈，从各个角度观察它"。这对于解剖学研究者，尤其是外科医生，是极富价值的资料。达·芬奇对其方法做了如下叙述：

> 要真正了解任何物体的结构，就必须从不
> 同角度观察它。要了解任一个人真实的身体构
> 造也一样……我将遵循这一规则，给每个人从
> 四面画四张图。至于骨头，我会画五张，把它
> 们从中间切开，展示每一根骨头的空腔。

在此后的研究里，达·芬奇一直继续使用自己发明
的这种方法。不论奥马利和桑德斯正确与否，可以肯定
的是直至1489年，即达·芬奇到达米兰七年后，研究进
行得十分顺利，所以他提到自己打算发表一篇解剖学方
面的论文。在他的笔记本里，除了学术上的发现，还记
满了他的生活哲理。

达·芬奇为物体的运动及相关的力学而着迷。在自
然和人类生命中不停流动的能量，成为贯穿其手稿的不
变命题，甚至核心主题，正如他频频提及的水流。实际
上，流水在他看来是流动能量的象征，是他的宇宙观的
关键所在。对他而言，在研究功能及实现功能的机械力
的过程中，研究结构只是一个开端。他进一步发展长久

以来坚持的一个观念，即通过绘画和科学捕捉某个瞬间，让整个事件或人物能在这一刹那得到阐明。他认为，在艺术和科学上，都应该抓住那个瞬间加以观察，因为其中包含过去和未来，正如它包含了真真正正的现在一样。在这一点上，肯尼斯·克拉克提到，达·芬奇有"超人般敏锐的眼睛"，能让惊鸿一瞥的印象铭记在脑海之中。艺术史学家西德尼·弗里德伯格（Sydney Freedberg）说过，《蒙娜丽莎》是"一幅短暂的片刻与永恒的沉着停驻其中的图像"。

达·芬奇把水的运动看作代表，有时是暗喻，象征生命力与自然的和谐和交融，他写道："在河流里，你触碰到的水是流过之水的末尾，是将要流来之水的开端。时间也是如此。"在他的所有手稿中，没有比这更好的隐喻或真实表达了，达·芬奇暗藏的观点是，在顷刻之间便可能悟得对自然事件和个人生命的阐释。当一个人说达·芬奇认为一位画家绘画的对象有两个（人及其灵魂的意图），就已经将一整套艺术理论压缩成了几句话。

在绘画方面，他警告，这种理念体现为一丝不苟地关注面部肌肉活动，特别是嘴部四周的。可是身体的各个部分都必须仔细观察，包括躯干和四肢，因为这些结构的姿势与形态里有丰富的含义。外在行为泄露内心想法；活动产生于心。因此，每画一个人就是做一次心理学研究。《蒙娜丽莎》即能成为例证，后来证实了这些教导。不过在米兰居留期间，最能体现这些教导的是油画《最后的晚餐》，它是由卢多维科及多明我会修道士委托，在圣玛丽亚感恩教堂（Church of Santa Maria della Grazie）的餐厅墙上绘制的。

这幅油画描绘的瞬间是基督教《圣经》中最为重大的时刻之一。画中的人们静静地谈话，耶稣也一样静静地说出预言："我实在告诉你们，你们中间有一个人要卖我了。"这话犹如一记平地而起的响雷，令十二使徒仿佛炸开了锅。这一刻戏剧性的紧张气氛是再长的电影胶片都难以表达的。桌旁每一个人的内心都昭然若揭，当即的心理肖像似乎出卖了其思想，甚至是将来的思想。虽然他们无一例外地表现出震惊，但每人对待自己的震惊的反应却又独一无二。达·芬奇写道："那名最值得称颂的人物，用行动表达灵魂中的激情。"我们知道这些人中的每一个，尽管我们之前从未见过任何一个。无论在观赏这幅伟大画作以前多么广泛地接触过《圣经》，读过多少遍《圣经》，每位使徒栩栩如生的形象从此都会留在观看者的感觉里，而这是之前根本无法想象的。难怪肯尼斯·克拉克称《最后的晚餐》为"欧洲艺术之基石"！

这幅画应该于 1495 年开始创作，于 1498 年末完成，在此期间，达·芬奇继续进行骏马像的雕刻工作，再加上他自己的所有其他项目，花费了他大量时间。仔细想想他的工作方式，此人的形象似乎逐渐浮现——他最大的特质是，不管以后是否会半途而废，他都能够马上高度集中于面前的工作。15 世纪作家马代奥·班戴洛（Matteo Bandello）的一小段话大概证实了这一点：

> 有许多次，我见达·芬奇一大早在平台上工作，这是在他画出《最后的晚餐》以前；他会从日出时分待到天黑，画笔都不放下，一直不吃不喝只管作画。接着的三四天他会完全不沾手绘画，不过每天他都会花几小时审视作品，对自己笔下的人物评头论足。我还见过他在巨大的黏土骏马模型上工作时，突发奇想地离开城堡庭院，直接去往圣玛丽亚感恩教堂。在那里，他登上平台，手执画笔，在一个人物上抹上几笔；随后，突然间，他又离开去往别处了。

虽然这种毫无规律的工作习惯是达·芬奇特有的，却证明那幅伟大画作注定命途多舛。创作一幅壁画时，必须在准备的当天就完成画的表面部分，因为作画方式是在湿灰泥上使用水基色彩。为了不必当天就要画完，达·芬奇使用了干灰泥、油和作为媒介的清漆，事实证明这些材料不能抵御潮湿及长年累月的损坏。到16世纪20年代为止，画面损毁现象已经开始显现，到瓦萨里于1556年看画的时候，损毁更加严重了。数百年来，九次修复的努力均以失败告终，唯一成功的时候却令这位大家的杰作大为逊色。当我1995年站在圣玛丽亚感恩教堂的餐厅里时，如果不是已明白要寻找什么，我根本看不出达·芬奇作品里的壮美之处。在那以后，一队技艺高超的修复专家完成了一个为期二十年的工程，使原以为不可挽回地丢失的精髓有很大一部分复苏。

达·芬奇"离开去往别处"，是被哪里吸引了呢？名为萨巴·迪·卡斯蒂戈隆（Sabba di Castiglione）的修道士见证了骏马塑像的修建及最终的毁灭，他可以告诉我们："当他本该着手绘画，证明他无疑应是一个新的阿佩利斯（Apelles，公元前4世纪的一位希腊艺术家，被视为最伟大的古代画家）时，他却完全投身于几何学、建筑学和解剖学。"当然，还有各种各样的委托要完成，其中最值得注意的是与画家安姆布若基奥·德·普雷迪斯（Ambrogio de Predis）共同进行的项目——为圣灵感孕兄弟会（Fraternity of the Immaculate Conception）创作祭坛画。达·芬奇负责画中心镶板，普雷迪斯则绘制祭坛两侧。至于达·芬奇华丽的油画《岩间圣母》，现存两个版本，藏于卢浮宫的或许早一些，另一个藏于伦敦的国家美术馆。这幅画作于 1483 年至 1490 年期间，那时艺术家们和兄弟会为酬金和其他契约权责争论不休。这一类不愉快的争执是文艺复兴时期大多数艺术家经常遇上的，对达·芬奇来说更是常见，因为赞助人都知道他会半途而废，或者至少推迟耽搁好长一段时间。《岩间圣母》即一个恰当的例子。它本来应当于 1483 年 12 月 8 日在兄弟会展出，但是直到 1486 年才完成。关于报酬的争吵也一样久拖不决。

1484 年至 1485 年间，爆发了一次大饥荒，据说这场毁灭性的灾难夺走了五万人的生命。大灾过后，达·芬奇自封为城市规划者，根据自己的研究（即现在的公共卫生和健康措施），对米兰的重建计划倾注了相当多的时间。而且他远远超过了时代的认知水平。他计划建造一个双层的宽阔道路系统，上层供人行走，下层让车辆通行，各层的两侧都有拱廊，通过楼梯互相连接。照此建立起一个街道和运河的系统，货物可以用船运到商店和其他在拱廊街道下层的建筑。

新的城市将建于海滨或大河边，例如附近的提契诺（Ticino），这是一条不会因下雨而变泥泞的水路。除提供了可靠的无污染水源以外，这条河还将为伦巴第平原的灌溉系统提供水源。将居民平均分布到十个沿河的镇，每个镇三万人，井然有序，达·芬奇在笔记里写道："这是为了把人群分开，他们本如羊群般挤在一处，空气中充满恶臭，瘟疫与死亡的种子四处传播。"达·芬奇的观点和后世的城市规划者们一致，都认为一座城市应当反映出其居民的价值，城市在本质上是一种社会实体。一座城市的发展若没有规划和方向，不再象征其领导者与居民的最高目标，就必须被推倒重建，直到其结构确实能表现出其最崇高的愿望。

尽管这个方案值得赞赏，但卢多维科却从未实施过哪怕一部分。假如他这样做，米兰也许能成为其他欧洲国家重建的榜样，很多欧洲国家拥挤堵塞、肮脏污秽的程度都不亚于米兰的某些地区。按照这个方案重建将会花费一笔巨款，即使卢多维科充分关心下层人民，认为此项事业是对他们最重大的恩惠，会改变他们的生活方式，但在那种疾风骤雨般的动乱时期，是极难实行这么一项浩大工程的。达·芬奇基于维持公共卫生和健康的原则，构想出了一座城市，可这些规则要过几百年才会得到人们的理解。

在米兰期间，达·芬奇始终投身于多个建筑项目，其中最重要的即当地大教堂的竣工。从1487年到1490年，达·芬奇一直在为这个项目工作。他为设计大教堂造了一个木制模型，可后来又对这个项目失去了兴趣，除了那个模型，再没有更多显示他参与项目的记录。虽然他为这个计划曾多次前往帕维亚（Pavia）的公爵藏书室和市立大学。他还在医学院进行解剖学研究，研究的既有人类尸体也有动物尸体。（再说一遍，如果奥马利和桑德斯所言无误，他应该是观察人体解剖而不是亲自解剖。）从这一时期起，他的笔记里出现了对人脑和脑神经的描述和临摹，还有他对青蛙脊髓做的实验的记录。

当时在帕维亚大学担任数学教授的是法齐奥·卡尔达诺（Fazio Cardan），吉罗拉莫·卡尔达诺（Jerome

Cardan）的父亲。法齐奥注定成为一位著名的数学家和物理学家，其著作即使到今天依旧具有伟大的历史价值。他曾编辑约翰·佩卡姆（John Peckham）的《透视点》（*Perspectiva communis*），这是光学领域的一篇重要论文，达·芬奇有很多机会读到，并与法齐奥讨论。正是通过这些阅读和与法齐奥的长谈，达·芬奇扩展了自己在透视法、数学和眼睛功能方面的思考。"眼睛，"他写道，"被称为灵魂之窗，是核心感官完全、充分欣赏大自然的无穷作品的主要方式。"不该被忽略的是，他提到的是大自然，而不是"上帝的无穷作品"——当时几乎每个人都会这么说。关于上帝的东西，他留给了牧师教士；而关于自然的，才属于他自己的领地。这样的说法当真堪配称为一个 21 世纪的研究者了。

对达·芬奇而言，要理解他仔细观察的大自然，数学是终极钥匙——不但能打开机械和运动学之门，而且能打开一切科学之门，包括人类生物学。他如此劝告要研究自然现象的人："哦，同学们，研究数学吧，切勿不打地基就建空中楼阁。"直至一个多世纪后，人们才普遍认识到他的信念中蕴含的真理："如果一项研究不向数学证明发展，那么这项研究绝无法称得上是真正的知识。"法齐奥的私生子吉罗拉莫是一位大数学家，于1547年在帕维亚获得医学教授职位。吉罗拉莫与达·芬奇一样，对运用数学原理解释自然现象很感兴趣。在其1551年的巨著《事物之精妙》（De subtilitate rerum）中，有一章讲艺术，他重复了达·芬奇的观点，即确定绘画是最高级、要求最高的艺术形式。不过看最后一句，以下段落可能出自其父已去世的朋友之手。事实上，卡尔达诺在最后一句里指出，若论认识到一个伟大的画家所必需的所有素质，并且自身兼而有之的艺术家，达·芬奇是第一个：

> 绘画是一切手工艺术之中最精妙、最高贵的。与诗歌或雕塑相比，绘画创造出的事物更加令人赞美；画家给阴影和色彩添上了一种思辨的训练。画家必须具备对万物的了解，因为万物对他都有意义。画家是科学的哲学家、建筑师以及熟练的解剖学家。他对人体所有部位的出色表现方法有赖于此。佛罗伦萨的列奥纳多·达·芬奇在之前某个时候开创并几乎完善了这个方法。

与法齐奥·卡尔达诺的友谊在达·芬奇的思想发展上有重要影响，当时最著名的数学家卢卡·帕乔利（Luca Pacioli）则在更长的时间内起了更大的作用。帕乔利是方济各会的一名成员，在几所意大利的大学授课，受人尊敬。他评价最高的著作是《算术、几何、比及比例概要》（*Summa de aritmetica, geometria, proportioni et proportionalita*），当卢多维科 1496 年邀请这位数学家到米兰去的时候，书刚出版两年，达·芬奇已经听过这部书的大名。帕乔利到来后，两人很快成为密友，不久即一起住在达·芬奇的家中了。他们在各自工作中的相关计算和研究上对彼此都有很大助益，帕乔利在某种意义上成了一位高级数学教师，指导朋友处理数根，帮助他钻研几何学。对一位如此着迷于比例和透视的艺术家来说，与帕乔利的关系尤为宝贵。帕乔利接下来的著述《神圣比例》（*De divina proportione*）收录了达·芬奇所作的六十幅图，包括他那张赫赫有名的人体比例图。为完成这幅图，达·芬奇使用了罗马建筑家维特鲁威（Vitruvius）提出的经典形式。维特鲁威相信完美的建筑比例必须以完美的人体比例为基础，达·芬奇就在重叠的一个方形和一个圆内画下了伸展的四肢。他为这部书所作的插图很可能激发了他日后在人体比例方面的创作灵感。

正是帕乔利在 1498 年给卢多维科的一封信里写道："达·芬奇以其全部的勤勉努力完成了值得称赞的《论绘画与人体运动》。"这样说就仿佛有一册已经完成的书，叫这个名字。但他的说法非常不确切，尽管后人从达·芬奇的笔记中摘录节选，编撰成一部题为《绘画论》(*Treatise on Painting*)的专著。因为这部专著于 1651 年以此名出版，许多人误以为它是大师的亲笔作品。

假如卢多维科在政治上更贤明，在缔结联盟上更幸运，或者在战争中更有经验，达·芬奇就可能会留在米兰度过余生。可"摩尔人"截然相反。尤其在处理与法国的关系时，他似乎一下子成了一个倒霉的政客、外交官、战士。他对公爵之位虎视眈眈，得到统一法国的路易十一的支持。1483 年路易十一一死，卢多维科就跟继位的无能幼子查理八世结盟。由于查理野心勃勃，想占领那不勒斯的宝座（1493 年他确实成功了），那不勒斯又是米兰的宿敌，于是卢多维科邀请查理带军队到米兰进行礼节性访问。这一举动看起来并无不妥，但部分米兰人的憎恨及法国军队的恶劣行为引发了相当紧张的局面，这是卢多维科犯下的第一个严重的错误。教皇与威尼斯共和国结成反法同盟后，卢多维科弃掉与查理的盟约，和奥地利一起加入了反法阵营。查理被同盟成功地赶回了法国，于1498年在法国去世。继位的是路易十二，就是被弗朗切斯科·斯福尔扎篡权夺位的维斯孔蒂家族的孙子。路易宣布自己有权统治米兰，这毫不让人吃惊，同样不令人意外的是，威尼斯人和教皇背弃与卢多维科勉强结下的盟约，与法王携手袭击卢多维科的领地。"摩尔人"看似坚不可摧的城市周边工事从未经受过如此艰巨的考验。他看到法国人在重重墙壁上写下的字后，逃到了因斯布鲁克（Innsbruck）寻求侄女婿马克西米利安一世（Emperor Maximilian I）的保护。1499年夏天，路易策马带领一支大军势如破竹地闯入米兰。破坏了巨大的骏马黏土像的加斯科涅弓箭手就在这支军队当中。

达·芬奇也看见了墙上的那些字。尽管他经常抱怨酬劳问题，他还是设法省下了六百弗洛林（有人说他不久前拿到了一些之前的未付款），并在1499年12月把这笔钱存入佛罗伦萨的一个银行，准备离开他栖身多年的城市。他和帕乔利、一个名为安德烈·萨莱的最得意的弟子，以及其他一些友人和随从一道前往曼托瓦（Mantua），他原打算在这安全的避难所里逗留一段时间，观察米兰的形势变化。后来他在这座城市只待了很短的时日，便去了威尼斯，最后于 1500 年 4 月回到佛罗伦萨。他意识到，米兰的赞助人复位的努力将会徒劳无果。此时达·芬奇刚刚度过他四十八岁的生日。

在这期间，在马克西米利安的帮助下，卢多维科于 1500 年 2 月重新夺回米兰的统治权。可到了 4 月，在诺瓦拉附近面对一支法国劲旅时，他军队里的瑞士雇佣兵们叛逃了。伪装成一个瑞士长矛兵的卢多维科想逃跑，被敌人抓住押往法国都兰，因于洛什城堡的地牢。他在那里度过余生，死于 1508 年。

达·芬奇准备离开威尼斯时，就意识到自己不会再回到米兰了，大概是在这时，他写了一篇忧郁的评论，里面透露出因这段艰辛岁月而生的悲伤和懊丧："统治者成了阶下囚，子爵被拘，其子被杀；公爵丧失了领土、财产和自由，只留下一堆未完成的作品。"斯福尔扎短暂的荣耀结束了。然而，达·芬奇在这里完成了许多作品，也留下了许多未竟的事业。他肯定想着有朝一日还会重回这座城市，因为他没有卖掉自己的葡萄园，而是选择出租。

达·芬奇抵达佛罗伦萨的大概日期可以从银行记录里得知，1500 年 4 月 24 日，他从银行取出那六百弗洛林。他回到了十八年前离开的城市，而这里早已经发生了天翻地覆的改变。

从四十八岁至五十四岁

在达·芬奇看来，佛罗伦萨肯定已变得很奇怪。在他离开几年后，美第奇家族遭到放逐，查理八世的法国军队占领了这座城市。为重新取得一定程度上的独立，佛罗伦萨人勒紧裤腰带向查理付了一笔巨额贿金，以说服他离开，其结果就是存款和经济状况极度紧张。尽管法国拿到了钱，却仍然是一大威胁，此外还有教皇亚历山大六世的军队。美第奇家族尚在世的首领皮耶罗构成了另一大威胁，虽然在当时还不太明显，但他正在密谋夺回权力。仿佛这一切还不够，比萨人也掀起叛乱。虽然佛罗伦萨如今是一个共和国，但是这座曾经的大城市弥漫着不祥的动荡气氛。

达·芬奇四十八岁时，进入了可以称为老年的人生阶段，这倒不是由于当时人均寿命还不到四十岁，而是因为活力的减退来得比现在早得多。他曾经是大有希望的年轻艺术家，开始广为人知，拥有光明前途。尽管最终没有完成，斯福尔扎的骏马塑像和《最后的晚餐》还是将他的名声传遍意大利，甚至也许传遍了欧洲，他在米兰期间的一些别的作品也令他声名远播。当人们得知他对科学及数学研究的投入——虽然没人知道细节——更加认为他是个天才。达·芬奇回到佛罗伦萨，对当地人产生了很大的鼓舞作用，尽管他年事已高，却仍是一个充满活力和热情的人。他肩负无限期望。不过，有一位情绪化的二十五岁唯美主义者显然没有受到人们对达·芬奇归来的普遍喜悦的感染，他叫作米开朗琪罗，是当时城中最年轻有为的艺术家。

达·芬奇在某些方面跟从前在佛罗伦萨逗留时不再一样，可以这样说，他青年阶段惊人的特质进一步成熟，引他取得巨大成就，尽管还有很多半途而废甚至尚未起步的项目。他作为军事工程师声名大振，尽管卢多维科几乎没采纳过他的任何一条建议；他被视作一位伟大的建筑师，尽管没有什么实例证明；他对城市节庆的监督和规划广为人知（尽管他到那时对此已经心生厌倦）；他对数学、机械学和科学的热爱令他沉浸其中，仿佛一个热恋中的人，每一个举动都只是在等待回到爱人的怀抱。

然而，尽管他声名日盛，他的兴趣，甚至他的才能，那个真实的达·芬奇并无丝毫变化。他一直是热心周到的人，忠实地支持着朋友和前来投奔他的人，无论他们是从事艺术和脑力劳动的同行抑或只是他的家庭成员，比方说那几个俊美的青少年，他们似乎一直都是他生活的一部分。他继续广泛地阅读，不断丰富文学和科学方面的知识，在进行艺术创作及对机械学和自然的研究时，具有一种领悟力，这种领悟力会尽可能地帮他避免由无知带来的错误。不过对于他，更严重的错误都是由放弃独立思考造成的。虽然他通过阅读、学习，增加了信息储备，可达·芬奇明白，通向真理最直接的途径就是反复积累对自然现象及法则的个人经验。他曾写道："最博大的书，就翻开在我们眼前，我指的正是宇宙。"

当然，达·芬奇想不到自己从早期思想者们那里借鉴了多少。当时的医学和解剖学由公元 2 世纪的希腊内科医生盖伦的学说支配，他的理论是由使用阿拉伯语的医生们数世纪来翻译和传播的。盖伦和阿拉伯人是达·芬奇追求新知的背景；甚至在竭力避免受他们的影响时，他耳边还是回响着他们的低语。虽然这种固有的偏误在他身上比随后几百年里的任何人都更少，但是无论多么微不足道，他都为某些施加在他思想上的一般观念所累，而他自己却始终毫无察觉。

达·芬奇对前人积存的见解和可疑的理论没有太大的兴趣，也没打算在自己的思想中使用它们。"得饮泉水者，不饮罐中水。"他如此说，并在整个研究生涯中都遵循这条准则。他反复进行严谨的调查研究，确保结果的准确性，以这样的研究，在同时代说教者的虚妄言论中开辟出一条新路。他骄傲地署名为"一个文盲"，表示要努力不受个人意见左右，除非自己通过公正的亲身观察作出判断。对那些依赖前辈思想家来塑造信仰的人，他的回答简洁清晰。临近四十岁时，他在一本笔记里写道：

> 我充分意识到，自己不是一个学富五车的人，就会有些自以为是者认为他们可以有理由怀疑我，宣称我完全是个不学无术的蠢人！他们不知道我会像马略（Marius）对罗马贵族那样反驳说："用别人的劳动成果打扮自己的人，不会允许我做我自己。"他们会说，我不懂文学技巧，不可能恰当地遣词造句解释清楚我要探讨的话题。可他们不知道我是凭经验而非言语去处理我的研究对象的：那些文采斐然的作家一直都靠经验做主，视经验为女主人。因此，我会在所有情况下都援引经验。虽然我可能不会像他们一样，能引用其他作家的话，但我要依靠伟大得多和更有价值的东西——经验，即作家宗师的女主人。一些人自命不凡，用他人辛辛

苦苦的成果装点自己，却不让我用我自己的成果。他们会蔑视我，认为我只不过是个搞发明的人；但他们自己呢？他们不是发明家，而是借用别人的语句，来自吹自擂、狐假虎威的人，他们又该遭到什么样的责难？

渐渐地，他会开始意识到，通过不断阅读和自我教育，他已经拥有了不错的文学素养，尽管他的拉丁语还不流利："我的母语里有那么多的词汇，因此我更关心的是对事物不能更好地理解，而不是缺乏能够表达我心中所想的词语。"

说明达·芬奇没有改变的还有一点——他似乎仍旧不能完成他接到的许多委托。这种情况反而愈发严重了。由于对科学越发痴迷，他对妨碍自己开展科学研究、机械创新设计的任何事都越来越不耐烦。他返回佛罗伦萨不久后接手的一项工程就证实了这点。

在圣母领报大殿（Santissima Annunziata）圣母忠仆会（Order of the Servites）的修士们曾请求艺术家菲利皮诺·里波（Filippino Lippo）画一幅祭坛画，可他一听说达·芬奇对此事有兴趣就立即退出了。修士们再三邀约，把达·芬奇这位好不容易请来的名人及其家属安置在修道院里，还承担他们的所有费用。瓦萨里描述了事件的来龙去脉：

> 他一直让他们伺候了很久。最后他只画了一张底图（用作最终作品的模板的图），上面有圣母马利亚、圣安妮和婴儿耶稣，这样极妙的描绘不仅令艺术家震惊，还在两天里吸引了大批人群，挤满了放置画作的房间，他们都急切地想亲眼见识达·芬奇制造出的奇迹……达·芬奇画了亚美利哥·班吉（Amerigo Bengi）美丽无比的妻子吉尼芙拉（Ginevra）的肖像，抛下了圣母忠仆会的委托。

达·芬奇为何丢下修士委托他的工作去接受另一份工作，我们一无所知，不过这种行为在他是十分典型的。他确实完成了吉尼芙拉肖像，然而，瓦萨里很可能把这件事的日期弄错了，画作是在达·芬奇第一次在佛罗伦萨居住期间完成的，那时达·芬奇二十一岁，只比画中人大五岁。这位传记作家在写到吉尼芙拉的姓名和地位方面也出了点错。事实上，她是城里一个富有银行家亚美利哥·德·本奇（Amerigo de Benci）的女儿。如今，她的画像挂在华盛顿哥伦比亚特区的国家艺术馆，算是画家基本完成的少数作品之一，在多数人看来，他对于完美的观念所依据的标准太高。瓦萨里对此的形容再恰当不过："列奥纳多以其渊博的艺术知识从事各种各样的活动，其中有许多他仅仅开了个头却从未完成，因为对他而言，双手永远不能完美地表达出他思想或是想象里出现的形象或目的——这是由于他的心中常常形成某些很难实现的概念，过于精微而难以描述，过于奇妙而令人吃惊，无论多么灵巧能干的双手，都无法呈现出来。"

然而，在佛罗伦萨的这短短四年，达·芬奇的创作力异常活跃，至少从其工作室以及在他直接指导下完成的画作的数量来看，他是多产的。虽然这段时期的很多成品没有留存下来，但有足够丰富的现存记录表明，不管他是如何不情愿，还是完成了一大批艺术作品。

从彼得罗·迪·诺韦拉腊于 1501 年写给伊莎贝拉·德斯特的信中，我们可以对达·芬奇二度回到佛罗伦萨居住期间的心不在焉有所了解，信的内容在第一章已引用。在佛罗伦萨，人人皆知这位大师会不时在其学生的画上添上一两笔，这些画都是由学生们用他的名义其实却是独立完成的。

尽管达·芬奇越来越不把注意力放在绘画上，但他仍然不得不以此谋生。很快，意大利半岛的政治动乱及切萨雷·波吉亚（Cesare Borgia）——马基雅维利的作品《君主论》中提到的那位统治者——的出现，给了他一个改善经济状况的机会。

1501年，教皇亚历山大六世授予其私生子——无法无天的切萨雷——罗马涅（Romagna）公爵的称号，罗马涅是意大利中部一个地域辽阔的地区。为了这个邪恶的儿子的未来，早在切萨雷十六岁时，教皇就将他立为瓦伦西亚的大主教，一年后又任命他为枢机主教。不过，即使在那段叛变弃节、贪赃枉法大行其道的时期，似乎也还是存在一定的约束，放肆恣睢的切萨雷很快就表示自己不适合做神职人员。无论如何，他野心勃勃地想获得世俗的权力，放弃原来的主教位置，戴上了战士的头盔。他下了决心，为征服各个省市城池建立自己的宗主权，不管需要采取如何背信弃义、残酷无情的手段，都要当上世袭公国的首领。不久，他就觉得很有必要找一名技术高超的军事总工程师和建筑师。

切萨雷邀请达·芬奇担任这两个职务时，已经在不少场战役中大获全胜，并因手腕狠毒、统治残暴而远近闻名。他将所有对自己的称呼囊括在一个头衔里——"法兰西之切萨雷·波吉亚，蒙上帝恩召，罗马涅、瓦伦西亚与乌尔比诺之公爵，安德里亚之主，皮翁比诺、贡法龙涅利之王，神圣罗马教会之首"。他自称是"法兰西"的，只不过是由于裙带关系，他刚与纳瓦拉（Navarre）国王的姐妹夏洛特·埃尔伯塔（Chareotte d'Albreta）结婚，路易十二因此授予他瓦伦提诺斯公爵的头衔。有人以为达·芬奇性情温和可亲，对政治手腕深恶痛绝，会不情愿接受这样一个暴君的雇用，可惜事实并非如此。当然，和当初写信给卢多维科·斯福尔扎介绍自己关于可怕的摧毁性武器的计划一样，达·芬奇还是穷其一生痴迷于机械和各种机器工具设计的那个人。他也还是个实用主义者。他不得不为自己和依靠他生存的人的生计操劳。而且，他希望自己经济稳定，这样就可以不受阻碍地专心钻研，不必四处谋食。对达·芬奇而言，为切萨雷工作无疑是个明智的决定。他从前做过这类事情，重操旧业也无不可。这并不会卷入什么阴谋、政治或权力，也和意识形态无关。达·芬奇唯一的动力就是能自由自在地做达·芬奇。

　　指派给达·芬奇的任务是检查堡垒和切萨雷公爵领地的防御，必要时可以进行任何改动和修补。可能正是由于总工程师对武器的建议的功劳，尼可罗·马基雅维利才能够在1502年10月从罗马涅发出的信件里写出以下句子："公爵炮兵强大，军纪严明，足以和整个意大利相抗衡。"达·芬奇跟随切萨雷的军队，并计划从这个城市搬到那个城市。他不但履行总工程师的职责，而且还能利用旅行之便研究当地的地形，准备地图，研究排干湿地的可行方案。1502年夏天和1502年到1503年年初的冬天，他一直忙于这项工作。1503年2月，当战役结束，波吉亚回到罗马，他才回到佛罗伦萨。他期望获得一笔可观的酬金，却落空了——3月4日，他没有往银行账户里存钱，反而不得不从中取出五十弗洛林的金币。至于切萨雷，很快他就将面对一系列不幸，最后在1507年与纳瓦拉反叛者的一场小规模冲突中羞辱地死去。

　　达·芬奇的军事工程才华很快得到佛罗伦萨人的赏识，1503年7月，有人请他给要去围困比萨的军队提建议。他设计了一个运河的方案，构建出一个巧妙的水闸系统，以使阿诺河从被围之城转向，从而切断守城者水源，同时为佛罗伦萨提供一条通向大海的水路，一举两得。8月，工程建设开始，但差不多两个月后即因故取消。

不久，在圣马利亚·诺瓦医院的解剖重新开始（1500年至1501年，即在佛罗伦萨的第一段时期内，达·芬奇是否进行过解剖，传记作家对此意见不一），达·芬奇居住的地点，无论是在医院附近，还是如一些评论家所说就在医院里，都给解剖提供了便利条件。此时，他已对解剖驾轻就熟，能够观察得一丝不苟、细致入微，发现一些极其微小的细节，从前他很可能注意不到这些地方。显然，日益增长的能力让他的工作显得更有意思，他很快便全神贯注地沉迷其中。他描述自己在医院遇见一个人，那人自称有一百岁，看起来身体硬朗。但不久，这个老人坐在床上时突然离世，达·芬奇"仔细检查其身体结构以确认如此安详死去的起因"，发现老人死于"血液不流通，给心脏供血的动脉停止运作，导致身体虚弱，我发现下级血管枯干萎缩得厉害；我小心翼翼地记下这次检查的结果"。甚至更直接地说："老人体内的血管壁增厚，阻碍了血液正常流通，且由于缺乏营养，老化的血管渐渐失去功能，没有引起痛苦地慢慢死去。"

在达·芬奇的笔记里看到这样的陈述令人惊讶，同样惊人的是他对主动脉硬化症，也许还有对冠状动脉梗阻的描述，直到几百年后，内科医生们才开始注意到这些病症。所谓"给心脏供血的动脉"可以有多种解释，不过从达·芬奇后来在解剖学这部分的研究之精细度可以推断出，他已经认识到冠状动脉是主动脉的分支血管，为心脏提供血液养料。无论如何，他此话都清楚地指出，下级血管枯萎是由于它们得不到充足的养分——"枯干萎缩"——这又是动脉阻塞造成的。当各个学院还在教授一千三百年前盖伦的教义，相信营养传到四肢是通过一种类似潮汐的机制，血液流经从肝脏出发的血管运送营养之时，达·芬奇就已有了这样的发现。

达·芬奇的敏锐观察多多少少有些巧合的成分。大约在分析老人的同一时期，他还对一个两岁孩子的尸体进行了解剖。达·芬奇肯定充分注意到这两个研究对象的血管之间，以及这些血管维持的组织状况之间的差别。尽管在今天的我们看来，从这些观察中得到恰当的结论似乎不难，但那是因为我们掌握了过去两百五十年病理解剖学的全部研究成果，而要当时的任何别的解剖学家得出同样正确的结论却几乎是不可能的。

在这段重新定居佛罗伦萨的日子里，达·芬奇与米开朗琪罗两位巨人有了一争高下的机会。米开朗琪罗此时已经相当反感达·芬奇。此前，两人之间主要仅是口舌之争。《匿名者之书》叙述了两段这样的故事。其中一个故事里，达·芬奇向小自己二十三岁的年轻气盛的米开朗琪罗建议，让他解释但丁笔下的一些段落，得到的回答只是："你自己解释吧，你这家伙，画一匹马，好用青铜浇铸它，却又没能浇铸，只好出于羞耻而放弃它。"书里继续写道："说完，他一转身扬长而去，留下达·芬奇在那儿，被他的话呛得面红耳赤。"在另一个故事里，根据书中叙述，米开朗琪罗是这样嘲讽对手的："那些米兰的阉鸡，他们相信你，是吗？"达·芬奇的存在似乎激怒了这个年轻人，我们很难否认，随着时间推移，这种情绪甚至也会感染这个有耐心的芬奇人，令他对米开朗琪罗报以同样的愤怒，尽管他以自制和宽宏著称。

当统治者决定用大幅壁画装饰新建的佛罗伦萨议会厅时，他们很自然地召来了这两位杰出的艺术家，让两人分别在相对的墙壁上作画。达·芬奇打算把安吉阿里（Anghiari）战役作为主题，此次发生在 1440 年的战役中，佛罗伦萨人打败了米兰人；米开朗琪罗的主题则是佛罗伦萨军队在战前沐浴时受到比萨人突袭。

达·芬奇为自己的工作制定了宏大的计划，从这个计划的字里行间，可以看出他的整个绘画哲学，即对绘画对象进行情感上的体验，抓住体验中的一瞬间：

你必须让被征服者和被击败者面如死灰，双眉紧皱，额头紧蹙，痛苦万分，鼻子两侧出现拱状皱纹，从鼻孔延伸至眼睛，鼻孔上提，嘴唇向上翻起，露出上齿；牙齿分开，仿佛在哭叫和哀悼一样。让一个人用一只手挡住他流露出恐惧的双眼，手掌朝向敌人，另一个人躺在地上，半撑着身子……其他人可能表现出死亡的痛苦，牙齿咬得咯咯响，转动眼珠，拳头紧攥顶在身上，两腿扭曲。有人可能会被敌人打得丢盔卸甲，躺倒在地，他们依然面向敌人，用牙齿和指甲作为武器，近身肉搏，进行非人而惨烈的报复……你将看见一些胜利者中止战斗，从人群里离开，用双手揉揉眼睛和脸颊，抹去脏污，那是他们的眼睛因烟尘而刺痛流泪造成的。

尽管达·芬奇像往常一样，创作断断续续、拖拖拉拉，他还是花两年时间设计出壁画的底图，1505年年末，他进入正式作画阶段。不过，再次出现技术上的困难。也许是涂在画底的灰泥质量低劣，可不管出于什么原因，当画家试图用炭火把画烘干时，壁画的上层颜色脱落了。损毁也许可以弥补，但达·芬奇放弃了这个项目，再也没有继续，有人说这是因为他对那时正在进行的研究鸟类飞行的工作更感兴趣。支持这一假定的证据是，他在1505年的3月中旬到4月中旬，确实写了题为《论鸟类飞行》(On the Flight of Birds)的论文。有趣的是，米开朗琪罗也仅仅绘制了底图，留下没有完成的壁画，没有继续下去。

世界失去了这样两件不朽的巨制，若巨制完成，达·芬奇与米开朗琪罗非凡的才华将被置于同一个房间内，让后人为之震惊。人们为之惋惜的种种原因中，失去直接比较两个人在处理人物动作形象的不同的机会，可以说是相对重要的一个。对米开朗琪罗来说，动作以肌肉绷紧的形式呈现；而对于达·芬奇，动作同样也是机械力的结果，不过表达出其表面下的潜在心理才是画家艺术创作的特征。他明白，活动源自内心。他1514年写的话毫无疑问就是针对他年轻的对手的："哦，解剖学的画家。当心，别把你的裸体人像画上过于明显的骨头、肌腱和肌肉，别让它们表达出所有情绪，那样你就成了一个木头画家。"曾任英国国家美术馆馆长的霍姆斯（C. J. Holmes）在 1922 年和一位英国大学的观众谈话时，对现存的《安吉阿里战役》筹备期草稿及雕版评论道："对达·芬奇来说，动机都是心理上的，他一贯如此认为。他的目标是说明战争加之于身上的所谓'残忍的狂怒'，以及在这种兽性中的活力，这种构思在鲁本斯（Rubens）之前就有了。甚至马都受到主人的暴怒的影响，互相撕咬。"

达·芬奇主动退还付给他的预付款，但由于经过这么久的拖延还是徒劳无果，雇主拒不接受这笔钱，还对他出言尖刻。这期间，查尔斯·德昂布瓦兹（Charles d'Amboise），路易十二的米兰总督，要求借用艺术家三个月，佛罗伦萨统治者拒绝了几次后不情愿地同意了。1506 年年末或是 1507 年年初——有些人认为这段时间是在 1508 年 10 月，在选举出教皇利奥十世（Popo Leo X）之后——达·芬奇又一次回到他曾经为卢多维科·斯福尔扎效劳过的那个城市。

达·芬奇离开佛罗伦萨，并不意味着我们关于这期间的记述也就此结束。此前发生了几件值得注意的事，第一件是瑟·皮耶罗·达·芬奇于 1504 年 7 月去世，享年七十七岁，身后留下十子两女。同一年，达·芬奇的笔记里出现了有关卡特琳娜离世，及治疗她临终疾患和安葬她的费用记录。这个卡特琳娜是达·芬奇的母亲还是与之同名的某个仆人，我们大概永远无从知晓。一些传记作家断言是他母亲，另一些又断定是仆人，然而还有一些看上去更为公正的看法，认为答案是找不到的。如果上面提到的女人其实是达·芬奇的母亲，那么这条笔记就说明他可能多年来与她保持联系，尽管除了这一处再没有别的地方写到她。他的蒙娜丽莎肖像也可能，以某种现在看来很明显的方式，受到这个女人的影响。

第二件事就是那幅画像。为此，我们来看看沃尔特·佩特在 1869 年所作的关于达·芬奇的著名专著。这部专著见解深刻，评价公正，七十年后的肯尼斯·克拉克赞扬它是"纪念碑式"的作品，认为之后的所有英国评论家——包括他本人——写出的任何文字"相较之下都乏味、无聊而浅薄"。

要研读沃尔特·佩特给达·芬奇写的赞歌，就得让自己完全沉浸在一种几近超自然的敏感气氛中。佩特捕捉到了一种情感状态，而没有评价这个芬奇人强大的创造力所制造出的难以穿透的氛围。读者凭直觉在艺术家身上感知到一种始终专注于内心，从日常生活事务中抽离的状态，无疑，这是任何细心观察的人都可以发现的。"在他周围的人看来，他能倾听到别人都听不到的某个声音。"佩特笔下的达·芬奇是这样的，"在与他同时代的人看来，他拥有某种邪恶又神秘的智慧。"在这两个短短的段落里，这位著名评论家捕捉到了达·芬奇谨慎的本性，这种谨慎的意义超越聪明的头脑，甚至超越弗洛伊德后来讨论的强烈好奇心。《蒙娜丽莎》即是对上述"某个声音"最美的表现。佩特如此形容她的面容："这是一位内在血肉丰满的美人，是玄妙的思想、奇异的沉思和炽烈的激情点点滴滴汇集的积淀……一切对世界之思想和体验全都铭刻于此，化为她的形象。"

如肯尼斯·克拉克所写，若"蒙娜丽莎的微笑极致地示范出如何通过持久的物质捕获并固定那错综复杂的内心生活，达·芬奇在所有相关笔记里将这种手法称为艺术的主要形式之一"，那么一个显而易见的问题就自动浮现：这是谁的错综复杂的内心生活，多少个世纪以来令旁观者迷惑不解，无法解释？当我们面对那张看似神秘莫测的笑脸而冥思苦想之时，我们在看着谁，她为何从画面中目不转睛地凝视我们，仿佛在与我们体内的某种东西交流，而我们甚至不理解这种东西是什么？

或许佩特是最接近答案的人。关于在佛罗伦萨第一段时期的年轻的达·芬奇，佩特写道："他在这里学到……在他所面对的众多事物中，蕴藏着一种密切相连的灵力。"至于"密切相连的灵力"的本质，佩特只能猜测。不过他的推测用了非常肯定的语气，似乎对自己的结论毫不怀疑。此刻，回想他评价达·芬奇的话，是十分中肯的："极致之美与极致恐怖的融合。"达·芬奇早期探索佛罗伦萨附近山区的历险是他生命体验的缩影：如同"一个巨大的洞穴口"，恐惧和渴望在其中彼此交融，即使在互相排斥时，也施以诱惑。肯尼斯·克拉克分析蒙娜丽莎的微笑时，把我们带得更远一点，虽然他似乎也没有意识到自己多么有远见："画中充满达·芬奇的恶念，我们都忘记它是一幅肖像了……他将她身体上的美视作某种神秘莫测甚至有点叫人抵触的东西，如同母亲会对一个孩子产生身体上的吸引力。"这些评述让我们想到弗洛伊德，但是它们也以自己的方式回应了佩特。佩特对蒙娜丽莎的微笑进行的思考，比精神分析学的创始者要早了五十五年。

此时，我们最好再向更早回溯，早于佩特，甚至早于瓦萨里，虽然后者提供了几乎所有已知的有关这幅画起源的资料。我们需要回溯到那个真实的女人。蒙娜丽莎·安东·格拉迪尼（Mona Lisa di Anton Maria Gherardini）在十六岁时嫁给三十五岁的弗朗切斯科·戴尔·焦孔多（Francesco del Giocondo），成为他的第三任妻子。达·芬奇断断续续地创作她的画像，花了四年时间，人们认为 1503 年大概是在这四年的中段时期，那一年，她二十四岁。瓦萨里告诉我们："当达·芬奇描绘她的形象之时，他让人对着她又唱又跳，说俏皮话逗她笑，使她避免出现肖像画里常见的忧郁表情。"人们不禁大感惊讶的是，就如同肯尼斯·基尔和在他之前的弗洛伊德，如此受人尊重和欢迎的艺术家为何竟会单单选择这个女子作画。基尔是这样提出疑问的："有许多更为富贵和有名的女人蜂拥而来，想成为他的画中人。"其中不乏上层贵族人士。令人吃惊的还有，为何艺术家始终不将画送给焦孔多，而是一直保存至自己临终。他声称是因为画作尚未完成，或许可以相信他的说法，特别是考虑到在瓦萨里的描写中达·芬奇对完成作品的态度。

考虑到达·芬奇自己追求完美主义的心理,事实可能如此。然而,肖像在焦孔多夫人及其丈夫看来完全是精致绝伦的成品,我们很难相信他能留住这幅画,若他真要留住,必定会受到他们不小的阻挠。他肯定十分渴望保留它。当然,他肯定认为它不是成品,因为画的对象本质上是完美的,连他也无法在一块小小的画布上复制出来。

对于蒙娜丽莎的肖像,各种解读从未中断,我的诠释无疑不会是最后一个。当然,弗洛伊德坚持说:"这幅画包含了达·芬奇童年阶段的综合历史。"在这一构想里,当蒙娜丽莎被音乐和小丑的把戏逗乐的时候,她脸上的微笑勾起了达·芬奇对母亲微笑的记忆。基尔,身为一位临床医生,对这幕情景做了更进一步的解释:他确信,焦孔多夫人身上的一些迹象表明,她怀有身孕——那微笑即她因体内即将孕育出生命的奇迹而发自内心地感到满足。他为自己的理论举出的实例不由令人印象深刻,包括双手的位置及明显的轻微浮肿,这点也许可以解释为何一个富有的已婚贵妇手上没戴戒指。在他看来,蒙娜丽莎双手所放的位置和衣服上的褶皱都暗示画家和画中人巧妙地掩饰了腹部的隆起。

为证实他的观点，基尔指出达·芬奇有很多解剖素描图描绘了生殖和怀孕的过程，其中既有大名鼎鼎的性交图，也有大概是艺术家最著名的子宫中胎儿的解剖图。总之，基尔的观点很有道理，尤其是他又补充了一点——画里的焦孔多夫人被安排在山和湖的背景之前。他指出，这种联系"同样出现在（达·芬奇的）其他两幅以母亲为中心主题的画里，它们分别是《岩间圣母》和《圣母子与圣安妮》"。

　　像其他很多人一样，我相信《蒙娜丽莎》是达·芬奇对母亲的理想化映射与献礼。事实上，他的心思可能不自觉地被陈年往事占据，那时他是母亲的天空中唯一的明星，不管他的母亲是卡特琳娜还是善良慈祥的阿尔比若，或者甚至两人都是。矛盾之处在于，佩特和克拉克——当然还有弗洛伊德——做出的假定是介于受吸引与排斥之间，那个谜一般难解的微笑也是如此。但我发觉自己百思不得其解的是别的问题。这种疑问源自弗洛伊德的某个理论的本质，即某些人产生同性恋行为的心理动力学理论，这一理论近来才被很多精神病院接受，它一定被当作可能引起或促使其产生的心理机制之一。甚至时至今日，当我们探寻同性恋的根源的时候，虽然重点放在生物学——特别是基因方面，但弗洛伊德的理论也不可能悄悄湮没在历史中。如同他的其他受到今人否定的假设，这个观点隐而不发，在人们运用想象力寻找人类行为的隐含意义时，它才得以表达出来。

我们可以回想一下，弗洛伊德的看法是，年幼男孩因母亲过度强烈而带有压迫性质的爱感到威胁，可能会压抑自己的感情，把自己放在她的位置上，借以保护自己。这样，他就获得与她一致的身份认同，在某种程度上成了她。他爱的对象变成了自己。他就是自恋的水仙那喀索斯。

既然《蒙娜丽莎》似乎象征着理想化的母亲角色，既然它如克拉克所形容的"充满达·芬奇的恶念"，既然佩特在弗洛伊德还未进入青春期之时就发现在这幅画里，"我们看到的这个形象以他童年的梦为架构……一个在世的佛罗伦萨人与他的思想产物之间是什么关系呢？是怎样的奇特联系使长大成人的他和梦想既彼此分隔，又紧紧相连？"考虑到所有这些，我们几乎无法避免地得出一个结论，即焦孔多夫人的形象是一种终极象征，展现了一个人的内心世界，而这个人赖以为生的主张是，至高无上的艺术"通过行动最大程度地表达出灵魂的激情"。这句话所指的不仅仅是艺术创作对象的灵魂，更是指艺术家的灵魂——不仅是母亲（毕竟，她没戴戒指，还比当时多见的年轻苗条的妻子丰满，卡特琳娜应该就是一个身材纤细的女子），也是儿子。我相信，蒙娜丽莎，作为达·芬奇理想中的母亲，还"拥有某种邪恶神秘的智慧"，因此她的微笑才谜一般深奥难解。艺术家进行艺术创作的对象正是他自己。

在某些意义重大的方面，绘制一幅肖像就好比写一部传记，连那造成文学效果的隐喻性语言也证明这种相似性。我们"勾勒"我们的对象，"描绘"其生活，还有其他能通用的类似词语。塞缪尔·柯勒律治（Samuel Taylor Coleridge）认为在描绘一个人的时候，实际上是描绘两个人："一个人试图描述另一人的特点，可能正确也可能出错，但有一件事他是肯定会做到的，那就是描述他自己。"我的看法是，达·芬奇和他的"蒙娜丽莎"也是如此。他既是在描绘他的母亲，又是在描绘他自己。我们只能猜想，究竟哪一个才是他有意识想表现的。本书作者也一样，我在为别人著书立传，同时也是为自己著书立传。

从五十四岁至六十七岁

受查尔斯·德昂布瓦斯召唤回米兰待三个月，这很可能让达·芬奇松一口气，暂时令他从烦扰中得到休息。《安吉阿里战役》的失败肯定引起了公众相当大的不满，尤其是由于这位艺术家在对数学和科学的钻研上花的时间一天比一天多，以致他不能全心全意地专注于工作，这是众所周知的。而且，米兰那时的政治局势比佛罗伦萨稳定得多，当然，也比卢多维科·斯福尔扎统治时期要稳定得多。大约在这段时期内，哈布斯堡皇帝马克西米利安一世承认法国国王路易十二为米兰公爵，法国军队也基本确保了城市免受入侵者的威胁。

无论是达·芬奇自己主动的还是在德昂布瓦斯的要求下，人们很快发现，达·芬奇要无限延长在米兰的逗留时间。当路易十二于 1507 年 5 月正式进入米兰时，艺术家已经在城里待了至少六个月，获得了法国政府常任画家与工程师的头衔。几乎确定无疑的是，瓦萨里提到的情形就是这个时期发生的，"法国国王来到米兰，达·芬奇接到任务，为接待国王做些独一无二的准备。他制作了一头狮子，狮子自己向前走了几步，打开它的胸腔，里面装满百合花"。即使他不再是典礼主办者，却又一次为狂欢庆典做了贡献。

比起达·芬奇第一次在卢多维科处寻求资助，以及此后寻求贵族资助的日子，服侍法国国王的六年是最平静安宁的。他不但受到德昂布瓦斯的青睐，而且还获得固定薪酬。这大概解释了为何他在这段时间内能够不懈地追求自己对科研的兴趣。有了可预知的收入，就不必再接受那些他常常半途而废的委托了。实际上，除了那张大名鼎鼎，一再被复制的深红褐色自画像，他没有一件有名的艺术作品是在这段重回米兰的时期内完成的。虽然这张画上的达·芬奇显得比实际年龄老，当时他近六十岁，但有一张圣贤的脸，年轻时英俊非凡的容貌依稀可见——平静的神色一如既往，但现在甚至透出神圣的威严。

正是在米兰，达·芬奇得以完全释放对解剖学日益高涨的热情。他此时与一位名叫马坎托尼欧·德拉·托雷（Marcantonio della Torre）的年轻学者结为亲密的朋友，这给他的研究以相当大的帮助。德拉·托雷当时刚从帕多瓦大学调到帕维亚大学，年仅二十五岁即成为医学理论的教授。帕维亚大学为他提供这个职位的目的是，他或许能建立一所解剖学学校。有些传记里说，两人最初在1506年相识，当时达·芬奇在佛罗伦萨；另一些传记则说迟至 1510 年达·芬奇在米兰期间，两人才认识。无论是哪种情形，这段关系都没持续多长时间，因为德拉·托雷在 1511 年或 1512 年到里瓦城治疗流行病患者，结果染上瘟疫去世。

虽然德拉·托雷比达·芬奇小三十岁，但是年岁上的差距对一个热衷于丰富知识的自学者无关紧要。因为年轻人没有一部作品留存下来，所以无法证实瓦萨里所声称的，达·芬奇的作用只不过是用自己的解剖成果作为资源，给这些作品配了插图。两人的关系很可能远远不止是平等的。很难准确地知道谁对谁的影响比较大，最近专家质疑德拉·托雷的主导地位，根据是两人认识前，达·芬奇已经在解剖学领域有所成就。年轻教授的作用大概是鼓舞他的朋友，激励他工作，以及试图——必须承认，大部分都没成功——在他的工作里引入一些计划或至少一点训练。可以谨慎地设想，两人的关系肯定对达·芬奇的解剖学研究及其解释大有影响，自此以后这些解释就开始显露出之前没有的周密。

其实，达·芬奇是一个过于独立的思想者，又过于依赖自己的观察，所以，不会太受到德拉·托雷的影响。德拉·托雷深受盖伦的解剖学著作误导，其研究几乎都建立在动物解剖的基础上，所以在某些关键细节和概念上是错误的。还有人指出，达·芬奇对局部的命名大多数来源于阿拉伯语，而不是据跟他同时代的人所说来源于德拉·托雷使用的希腊术语。这似乎表示达·芬奇并没以朋友的成果为范例，更多是通过阅读当时的文本自学，而当时的书深受阿拉伯影响。与在其他的智力和思想领域一样，达·芬奇选取自己需要的内容来提高理解力，从而走出自己的道路。

达·芬奇打算发表一篇关于解剖学的正式论文，他自己透露过这个想法，在早些时候编撰成集的《绘画论》里提及，1510年春天会完成这样一部作品。或许是在德拉·托雷的催促下，他才下决心着手实施这一计划，但是，当然，从来都没有完成；其解剖学研究的主要部分在可能被学者们读到以前，不得不尘封多年，直到18世纪在温莎城堡被重新发现。

达·芬奇最后想理清自己纷乱的研究结果，这从他大约写于那个时候的一本手稿中可以明显地看出（手稿现收藏于大英博物馆）。写作手稿期间他暂时离开米兰，在佛罗伦萨忙于一场有关他父亲遗产的官司。瑟·皮耶罗死时没有遗嘱，达·芬奇的七个婚生兄弟拼命想阻止他分遗产。1507 年他们的一位叔父去世时，他们的做法如出一辙。叔父给每个人都留了一笔钱，可兄弟们根本不理会遗嘱，只想排除掉这个私生子。

法律程序拖了许多个月，这期间达·芬奇被迫留在佛罗伦萨，有了充足的时间来思考自己的创作。笔记里写道：

> 在佛罗伦萨的皮耶罗·迪·布拉乔·马泰利的家，从 1508 年 3 月 22 日开始。我将不按顺序地收集很多论文，抄在这里，希望今后能按照它们各自讨论的主题归类整理；我相信在我结束这项工作之前，我将不得不把一些事重复几遍，读者一定不会因此责备我的，因为主题太多，难以一一记住，我不可能说："我不写这个，因为我以前写过了。"假如我想避免这类错误，那么当我想抄写一个段落的时候，为了不重复，我就应该读一遍我已经写出的话，而若写作中断过久，就更应当这样做了。这是很有必要的。

换言之，达·芬奇是让每个可能读到他文字的人明白，即便他埋头于枯燥工作，把全部作品整理成适合出版的形式，他也并不打算编辑。尽管他言辞大胆，但没有证据证明在他七十年的一生中，他曾有任何时候在对知识的不懈追求里久久止步，以便有间隙整理自己的发现。总是有那么多东西要做，那么多要学习，所以将获得的知识一点点分类看起来无疑会浪费时间和精力。而且，达·芬奇只是为自己做研究，而不是出于什么比较高远的目标，比如教育同时代的人；他写作是在与自己对话。除了他的发现将使后人受益无穷这一点，他似乎没有想过要为科学进程做出正式的贡献。他的目的是满足自己不可抑制的渴求，渴求明白事物运转的方式和原因。他对行为很感兴趣，但正是这一行为本身的根源令人迷惑。

在达·芬奇重返米兰的这段时期，有不少事叫人不解。比起从前，对人体所做的解剖研究更多了，解剖图的精确度也明显提高。1513年左右，达·芬奇集中精力投入了一项关于行为及其根源的研究，同时他还关注心脏的结构和功能。虽然大部分工作是通过研究牛心完成的，但是他在心脏内部的构造与活动方面有一些突出发现，与之相比，当时的解剖学家获得的那点儿知识显得微不足道。

虽然与德拉·托雷的关系过于短暂，可是达·芬奇刚到米兰不久，即认识了另一个年轻人，后人发现他们的友谊是至关重要的。达·芬奇住在城外不远处的吉罗拉莫·梅尔齐（Girolamo Melzi）的别墅，开始对他房东的十几岁儿子弗朗切斯科的艺术天赋感兴趣。不久后，两人发展出一种情同父子、难以破坏的密切关系，达·芬奇在1513年离开米兰时把弗朗切斯科带走，随后去了罗马，最终带到了他在法国最后的家。达·芬奇在遗嘱里把所有手稿，还有一生收集的书籍都留给了小梅尔齐。

在米兰的宁静日子是几股力量共同作用的结果，这些力量一反转，安宁也注定被打破。在那个时代，联手结盟快，分道扬镳也快，马克西米利安与法国国王之间的协约解除只是时间问题。1508年，西班牙的斐迪南二世、教皇尤利乌斯二世结成康布雷同盟（League of Cambrai），以击败热那亚的叛军，并迫使威尼斯放弃新近得到的领土。一达到目的，尤利乌斯就彻底倒戈，与威尼斯、西班牙和瑞士结盟，向法国发起袭击，打算重新建立斯福尔扎王朝。虽然一开始成功地击退了新联盟的进攻，但法国最终还是战败。1512 年 12 月 29 日，卢多维科之子马克西米利安诺入主米兰，成为公爵。

于是，达·芬奇发现自己处境艰难。虽然马克西米利安诺视他为自己父亲的艺术随员中备受重视的一员，但由于达·芬奇同时也是法王路易最青睐的家臣，马克西米利安诺不会给他提供任何职位。失去了资助者，这位六十一岁高龄的艺术家及跟随他的所有学生侍从不得不迁走。美第奇家族又一次插手改变了达·芬奇的命运，或者说至少影响了他接下来的一步。1512 年，朱利亚诺·德·美第奇——他是"伟大的洛伦佐"的儿子，也是达·芬奇的仰慕者甚至朋友——在一次不流血的政变中当上佛罗伦萨政府的首领。第二年，正当达·芬奇在物色一处安家之地时，尤利乌斯二世去世，朱利亚诺的兄长乔瓦尼当选为教皇利奥十世。佛罗伦萨的新统治者建议他的朋友搬到罗马，达·芬奇高兴地接受了这个机会。他在一本手稿的附注中简洁地写道："1513 年 9 月 24 日，我离开米兰前往罗马，同行的有乔瓦尼、弗朗切斯科·德·梅尔齐、萨莱、洛伦佐和凡佛伊亚。"

不久之后，朱利亚诺也到了罗马，利奥十世断定他耽于幻想，太聪明（又或许问题只不过在于他太诚实），不能成功地促进美第奇在佛罗伦萨的利益。朱利亚诺是一个富于想象力的人，接触的都是画家、建筑师、工程师甚至是炼金术士，自然取代教皇成为达·芬奇的赞助人。他为他的佛罗伦萨的朋友在梵蒂冈山上的美景宫安排了一套房间，并雇了一名建筑师为达·芬奇重新设计工作室空间和生活区域。

不过，如果达·芬奇以为朱利亚诺替他费的这些力可以让他的晚期生涯迎来黄金时期，他将注定大失所望。更年轻的人在罗马教廷里冉冉上升，艺术方面有二十九岁的拉斐尔和三十八岁的米开朗琪罗，两人都年富力强，而且对这位年事已高的闯入者的到来都颇为不满——尤其是米开朗琪罗。事实上，心存怨怼的米开朗琪罗很可能尽其所能地暗中阻碍这个老对头。而且，在利奥十世的宫廷中，拉丁语是御用语言，达·芬奇处于这种氛围中，与人交流不畅，处境十分不利。但他发现，没有指派的工作倒有某些好处——有大量空闲时间可以用于研究解剖学、数学和光学。

达·芬奇全身心投入的这些事业只给他带来了不好的名声，人们说他是一个容易分心的人，连寥寥无几的艺术创作任务也不完成。利奥肯定认为他同不切实际的朱利亚诺在本质上性情相投。瓦萨里详细讲述了一个故事：达·芬奇接到任务画一幅画，于是他动手工作，开始提炼某些药草和油，想发明出一种新型清漆，以涂在完成的作品上面。在达·芬奇看来，这不过是进行中的实验的一部分，他一直都在做这实验，探索保护画作的新方法。可是在教皇眼里，这是拖延的表现，是为避开他本该实实在在干的活，而这个看法可能至少有部分是正确的。根据瓦萨里的叙述，教皇喊道："天啊！这人根本做不成事，他还没开始就想着结束了。"不论是否值得相信，这则小逸事很有代表性地反映出，无论是在面对自己承担的责任时，还是在面对自己优先考虑的事之时，几乎从一开始，决定达·芬奇基本行事方法的是好奇心和创造力，而不是满足别人期待的实际需要。

很快，除了受到宫廷排斥导致的常见困难之外，达·芬奇的一些雇工也串通捣鬼，惹是生非。两个德国工匠似乎密谋偷窃他的一些设计稿去复制，并在教皇的一些助手中散布恶毒的谣言，称他在萨西亚的圣神堂（Ospedale di Santo Spirito）进行的解剖研究有亵渎神圣、不合常规的不正当之处。"教皇发现，我剥了三具尸体的皮。"达·芬奇写道，无疑在担忧此事的后果。他向朱利亚诺请求帮助无果，因为他的赞助人那时患上肺结核，活不了几年了。利奥十世惩罚了告发达·芬奇解剖的鲁莽之举，但是禁止他再进行解剖，朱利亚诺也无法干涉。对人体的伟大研究终止了，他再也没有以同样的热情继续下去。"美第奇造就了我，也毁灭了我。"

达·芬奇的身体状况也不再乐观。岁月开始蚕食他的健康，旧日的活力已抛弃了他。别人注意到，他的右手出现问题，无力甚至打战。不过他仍坚持进行真正吸引自己的工作。手稿里的笔记描述了他为朱利亚诺设计的一个马厩，还有为罗马铸币厂铸钱所作的一台机器的详图。在这些笔记里还能找到为大炮部件所作的计算。尽管没有记录保存下来，但是达·芬奇肯定保持着早期对罗马湿地排水方案的兴趣，在米兰时期他就已参与这类工程。

1515年，政治事件再次打乱了达·芬奇的生活。路易十二于1515年新年那天死去。其侄子弗朗西斯一世继任，未加迟疑，立刻试图推翻马克西米利安诺，重新树立法国在米兰的统治。当年7月，虽然朱利亚诺身体状况每况愈下，却还是被派去指挥教皇的军队，挫败弗朗西斯一世的计划。此时法国军队已经长驱直入到佛罗伦萨。不久，他不得不把领军权转交给自己的侄子，回到菲耶索莱（Fiesole），后来在那里去世。达·芬奇又失去了赞助人。

达·芬奇是在这一系列事件中的哪个节点遇到法国国王的，这一点不确定。弗朗西斯在米兰东南方马里尼亚诺（Marignano，今梅莱尼亚诺）的一场决定性的战斗中打败教皇军队，往罗马挺进。利奥决定同他进行秘密会谈，以阻止他进一步的侵入。大概就在这时，达·芬奇接触到了下一位给予他支持的人。弗朗西斯记得路易十二对达·芬奇非常重视，会谈顺利结束后，他于1516年12月带领军队北上回法国时，邀请画家随行。

在暮年，达·芬奇终于找到了一位与其才华相配的赞助人。虽然要创造成就已经太晚了，然而要得到荣誉却还不晚。在他生命余下的两年半中，他享受的待遇有如受人敬重的退休教授，而他实质上也已经达到教授的水平。弗朗西斯给他一份不低的薪金和克卢克城堡——一座小城堡——供他生活，在昂布瓦斯的皇家御所附近。王室来到昂布瓦斯时，国王常常造访达·芬奇，如同朝圣，因为尽管国王自己算不上文化人，是个武士，但形象地说，他拜倒在了他心目中当时最伟大的艺术家和哲学家的脚下。

从后来本韦努托·切利尼（Benvenuto Cellini）的陈述中，我们可以搜集到一点信息，推断弗朗西斯对达·芬奇的态度。切利尼于 1540 年到法国宫廷工作，直接从弗朗西斯本人处听说，他的前任十分受尊敬：

> 国王弗朗西斯倾心于他无与伦比的才华，非常乐意听他讲授，一年里没有几天他们不是一起度过的，正是这个原因令他没有机会将其花费无数心血的杰出研究运用到实践中去。我觉得我不能不重复我从国王口中听到的关于达·芬奇的原话，他是在费拉拉枢机主教、洛林枢机主教和纳瓦拉国王面前告诉我的。他说，他不相信世界上还曾出现过另一个能比得上达·芬奇的人，这不仅仅因为他在涉及雕塑、绘画和建筑的一些事务上非常杰出，而且因为他是一位伟大的哲学家。

1517 年，一名旅行者行至克卢克与达·芬奇会面，证实了人们对达·芬奇最后这些年的生活环境的了解。阿拉贡枢机主教路易斯，那不勒斯国王的同父异母兄弟，在一次全欧旅行中来到城堡，他的文书安东尼奥·德·拜提斯（Antonio de Beatis）留下了这次拜访的记录：

> 1517 年 10 月 10 日，阁下与我们其余人去往昂布瓦斯郊区，看望佛罗伦萨的鲁那多·芬奇（Lunardo Vinci）师傅，一位年逾七旬的老人，我们时代最出色的画家。他给阁下展示了三幅画，一幅画着某位佛罗伦萨女士，是上任伟大的朱利亚诺·德·美第奇提议绘制的；另一幅画的是年轻的施洗者圣约翰；还有一幅画着圣母和坐在圣安妮膝上的圣子。三幅画全都完美无瑕。由于当时画家的右手正在经受麻痹之苦，所以我们看不到更多他的杰作了。他对一位来自米兰的学生悉心教导，学生也学得出色。尽管前面说过，鲁那多师傅无法像从前一样自如地上色，但他仍然能作画并指导他人。这位绅士写了详尽的解剖学著述，附图展示四肢、肌肉、神经、血管、韧带、肠，以及男、女人体内其他所有可以讨论的器官。这是之前从未有人做到过的。这一切都是我们亲眼所见；他说他

解剖过的尸体已超过三十具，男女老少的都有。他还写到水的本质、潜水器和其他一些东西，全部用通俗的语言写成，汇编为无数卷，若是出版，将会是一件大有裨益的乐事。

当然，通俗语言指普通的或大众的语言，也就是意大利语。早在两百年前，自从但丁·阿利吉耶里歌颂意大利语起，意大利人就发现了本地语言的丰富性。在达·芬奇文思泉涌的笔下，这种语言有时焕发出极大的诗意和美感，丝毫不逊色于另一位了不起的佛罗伦萨人[1]在其 1307 年的文学评论著作《论俗语》（*De vulgari eloquentia*）里的描述。

拜提斯的叙述里有些一望便知的错误，不过研究者们认为他提供的材料基本准确地勾勒出了达·芬奇晚年的形象。画着"某位佛罗伦萨女士"的画并不是在朱利亚诺的提议下完成的，而其实是艺术家从不愿把《蒙娜丽莎》这幅画出手[2]。在枢机主教造访时，达·芬奇

----

[1] 即指但丁。——译者注
[2] 事实上，重要的专家里只有肯尼斯·克拉克对这一点提出异议，他相信是另一幅后来的画。——原注

六十五岁，尽管他看上去比实际年龄要老很多。

提及的"水的本质"可能指的是手稿里记录的种种哲学冥想，或是他一生五花八门的项目，例如建立运河系统、湿地排水、河流改道。不过，在这里引人注目的是，德·拜提斯对解剖研究工作的关注，很可能是因为达·芬奇特别挑出来展示给他们，以突出其重大意义。作为一个兴趣广泛的人，他决定要向一位高贵的客人展示成果时，把对人体的研究放在首位是件大事。

具有讽刺意味的是，命运注定，达·芬奇最后的避风港虽是一座漂亮的城堡，但距其二十英里处有个阴湿的地牢，正是差不多十年前其第一个赞助人卢多维科·斯福尔扎被囚禁并含恨而终的地方。人们不禁好奇，随着精力衰退，这位伟大的芬奇人是否曾感到遗憾，为那么多未完成的作品，为自己丰富的才华分散到各个方向，为很少专注于某一个或至少某几个活动而遗憾——他是否相信他的生命也像卢多维科般未展宏图。即使他相信，在他的文字里也没有提到一字一句。

瓦萨里对达·芬奇最后几个月的描述，无疑来自许多年后，大概在 1566 年，他拜访梅尔齐得到的细节："最终，他老了，生病卧床好几个月。当他发现自己接近死亡时，便尽力熟悉天主教圣礼。"尽管他信仰上帝，相信灵魂存在，但对圣礼——实际上是完全形式化的宗教——他一般保持距离，"不固守其他人的信仰，将哲学置于天主教之上"，佩特如此形容。难怪他在即将走到生命的尽头时，要尽力"熟悉天主教圣礼"。

1519年复活节前夜，达·芬奇立下遗嘱，将所有笔记留给梅尔齐，安排三个不同的教堂为自己做弥撒，仿佛最后一次散财，这个举动也象征着其才华的分散。他于5月2日逝世，死前接受了教会的圣礼，尽管对于教会在自然世界的历史和特征上的很多教义，他是不同意的。

他魂归何处，空余世人遐想。但我们确实有达·芬奇对此的想法可供思考。他相信灵魂依靠身体行动。他写到，在灵魂发展的萌芽期，身体"在适当的时机唤醒灵魂，灵魂居于身体内"。在另一处，他说："每一部分都必定同其整体结合，这样才可能避免不完美。灵魂渴望留在身体内，因为没有身体，它既不能行动也不能感知。"在这个机械化的模型里，身体一死去，灵魂就无法起作用，或许它也会死亡。我们还在呼吸时，是没有一个人会知道此观点正确与否的。

关于达·芬奇手稿

像其他很多人一样，我一生涂写了无数给自己的笔记，在匆匆写下它们的时候，每一条似乎都十分重要。我原来一直打算以后重写这些信息，让它们能够长久保存；或者，不管记录下来的是什么，我本来都想要按其行事。毫无疑问，本书的几乎每一个读者都多次有过这种想法。

　　还有可能的是，至少某些自我指导的手记，除了编写者之外，别人很难看懂，是我用自创的一种速记法甚至可以说密码写的。表面上这么神神秘秘，不是要让任何可能看到的人都迷惑不解，而不过是为了尽可能高效地记录信息。只要我的信息不丢失，不论有多么冗长深奥，我总是可以加以修补，尽管这必定会使眼睛有点疲劳，或给记忆造成一点儿负担。

　　这些也是我对列奥纳多·达·芬奇的意图的理解。将近三十五年之中，在他现存的以及已经确定遗失的所有文字里，手稿有五千多页。满十三岁后，从在米兰的时候起，他开始在纸上给自己写下一长串笔记，其中有些随意而简短，有些则是对一两个艺术、科学或哲学性质的问题的结构完善的研究，通常配有或详细或简单的图画。其实，更准确地说，是这些图画——有的草草涂就，有的大致完成，有的细细描绘——配上注解，因为前者比后者重要得多。手稿各页尺寸不一，大部分非常大，也有些只有三英寸半乘两英寸半大小。超过一半的材料写在未合订的散页上，其余的写在各种各样的笔记本里。达·芬奇有时使用折叠的纸张，后来他把它们分开整理成页，原本的并排格式被打乱，更加叫人眼花缭乱。

达·芬奇记笔记时，差不多总是把一项观察结果完整地写在一页上，尽管在他的大量已编号手稿中，也有少数几次，人们发现"请翻页"及"此处接前页"的标注。没有标点符号，没有重音记号，短单词常常合成一个长单词，同样可能出现分成两半的长单词。不时会碰到词语或专有名词的字母顺序被打乱的情况，仿佛是匆忙写上的。有些字母和数字是根据达·芬奇自己的拼字法生造出来的，有时不一致。除非学会如何辨认，否则一开始很难看懂，某些速记用语也难以认出。总之，这些是有个性的手记作者的个人习惯。

然后还有所谓的镜像文字。达·芬奇从右往左书写，给直译其手稿增添了相当大的难度。大概正是由于镜像文字，他有时候把笔记的各页按相反顺序翻过来，于是整个部分都可以从后往前翻。他的一页草稿里可能既有科学上的议论，也有关于日常家务的个人记事，也许还有不附文字注解的草图、不附图的文字，或者两者都有，清晰明白地安置在一起。有个别几页上是看似无关的注释和图画，专家们对其仔细揣摩，常常发现它们根本没有关系，而是直接或间接地适用于相邻的其他材料。

尽管在达·芬奇去世后不久，这卷笔记被称为《绘画论》，但编出它的是一位无名的编者，他把自己认为适当的东西一点一点拼到一起，形成一个统一的形式。手抄本《论鸟类飞行》某种程度上算是完整，不过其他对飞行的研究也散布在达·芬奇的手记各处。在所有手稿里，我们可以设想，没有一项研究是完成了的。我们都在纸上为自己记下紧急的信息，而达·芬奇留给我们的相当于上千页这样的记录。不幸的是，其中不少已丢失。

达·芬奇自己从未将手稿遗失，而且还反复进行修改。他可能会在数周、数月甚至多年之后回头找出某一页，添上图画或注释，因为他对一个主题有了更多了解。在他的解剖学研究方面，非常值得注意的是，他有一系列图画的是上臂纤维丛，即一束交织并分叉的神经，从颈椎处开始，直达手臂。达·芬奇的第一张和最后一张图稿相隔有将近二十年。

尽管阅读起来吃力，以镜像形式书写文字比想象的要容易得多。左撇子的人对此一般得心应手，可能实际上比用标准的书写方式更自然。学校教育抹去了孩子的左撇子倾向。不过这种技巧很容易重新学会。很多右撇子也能从右往左写出清晰可辨的字。有力但并不确定的证据显示，达·芬奇是左撇子。卢卡·帕乔利在自己的作品里提到他这位朋友是左撇子，还有一个名叫萨巴·达·卡斯蒂格利奥尼（Saba da Castiglioni）的人于1546年在博洛尼亚发表的《回忆》（Ricordi）里也说到这一点。还有人指出，达·芬奇画阴影线的习惯方向是从左到右斜向下，说明他是一个天生的左撇子。

从所有这些因素看来，达·芬奇如此写作的动机并非什么难解之谜。几乎可以肯定他是左撇子，他这样是为尽可能快地记下笔记，因为他的手跟不上他迅速运转的大脑。有些人认为密码只不过是一个人的私人符号，他习惯使用一种速记法，好尽可能快速地记录事情。在他的各种评论里，有充足证据表明，他打算最后核对整理这些材料，这对他来说易如反掌，简单得好像他是用常规方法写下来的一样，即便不是写给任何人看。

虽然上述看法也许使人信服，但仍然存在这么一种可能性：达·芬奇确实是有意用这种办法的。如此一来，只有那些决心去理解并乐意花上大把时间解谜的人，才可能解读出他的思想。瓦萨里写到，他是个异教徒，与其说是基督徒，不如说是哲学家；有人肯定认为他私底下赞同无神论；他有不少观念与教会的教义大相径庭。回想一下，此人早在伽利略被捕以前就写道："太阳没有移动。"也是此人，到处寻找证据——无论是化石、岩石还是水的流动——来证明地球历史悠久，其地质和生命形态在不断变化。直到19世纪初，才又有查尔斯·莱尔（Charles Lyell）这位学者的研究支持达·芬奇的观点，其理论清楚地认为，地球表面是漫长的地质时代中发生的变化过程的结果。他写道："事物存在的历史远远长于文字，所以无须怀疑，如果在我们的时代没有留下前述的海洋如何覆盖多个国家的记录，而且，如果曾经存有这样的记录，那么只可能是战争、火灾、洪水以及语言和习惯上的改变已抹去了过去的每个痕迹。不过，证实生命从海洋中诞生，如今又重新出现在与海洋相距甚远的高山上，对我们来说已然足够。"

达·芬奇在自己的一些画里描绘了这种证据，特别是在《岩间圣母》《圣安妮》和《蒙娜丽莎》中。从每幅画的背景里都可以看到太古时期的世界，在他的想象中，这个太古时期的世界肯定是在进化（我是特意选择这个词的——他差点就描述了进化理论）到现代之前的样子。他不止一次地声明每个事物都是另一事物的一部分，的确将世界的世代与人类的世代联系了起来。他对某一事物的迷恋，就是对另一事物的热爱的一部分。

达·芬奇将不可预知的大自然视为地球上千变万化的奇迹的创造者，他毫不犹豫地说道："自然绵延不绝，乐于创造，不断制造出新的形态，因为她知道，她的地球上的物质来源于此，所以她时刻准备着，让创造一切的速度大于时间摧毁这一切的速度。"这里没有提及上帝，当然也没有《圣经》中创世的故事。尽管我自己坚信的观点与之相反，或许在试图理解达·芬奇为何选择如此难懂的文字的理论时，这种想法应该加以考虑。在那个教会统治的年代，异端学说很容易被发现，危险不容小觑，我们都十分清楚伽利略以及其他胆敢质疑教义者受到的待遇。

数世纪以来，达·芬奇的笔记掌握在一小群学者手中，他们的辛劳为我们提供了笔记作者思想的珍贵记录，让我们深思。甚至连书中零零散散的引述也足以显示这位芬奇人的语言之力量。除画家、建筑师、工程师、科学家以及其他所有头衔外，文学家的称号也必不可少。关于语言和思想上的某些飞跃，最引人注目之处在于，它们似乎只在其作者的眼中才有意义，在他人看来则是异端邪说。在这些手稿的字里行间，他作为唯美主义者、人与自然的观察者和伦理学家，从其智慧深处发挥最深切情感的力量，仿佛在超过三十年的时间里始终保持着清醒的觉悟。没有自我审查，只有诚实正直、叫人信服的清清楚楚的声音，还有——在他的时代最非凡的——一种开明而令人振奋的好奇心。

如果达·芬奇动手记录的是自己的许多生活原则，或是一本他希望人们记住的格言警语书，或是他对宇宙及其与人类关系的解读的概述——无论其中哪种目的，那些散落在活页、笔记本以及草图、建筑方案、科学观察、数学构想、对其他作家的引语和日常生活记录里的随笔实际上都已经达到了。他同时显露出自己内心深处的沉思及他穷尽一生公开传播的讯息要点：只有通过大自然，才能了解一个人；通过不带先入之见的观察和实验，可以揭示自然的奥秘；人类在理解力上有无限可能；宇宙间一切元素都是和谐统一的；研究"形式"至关重要，但理解的关键在于研究"运动"和"功能";仔细研究力和能量，最终会理解自然的动力;科学知识应当归纳简化为可论证的数学定理;关于一切生命乃至自然万物，有待解答的终极问题是"怎么样"，而非"为什么"。

"只有通过大自然，才能了解一个人。"这个观念包含的意义比乍看之下深广得多。达·芬奇在思想中引入了古代的理论，认为人类是在广阔宇宙的宏观世界中的微观世界。尽管在他看来，这不是一个精神上的概念，而是一个机械论的概念，由自然之力主宰。一切事物皆从其他事物中产生，在其他事物中得到反映。我们星球的结构就好比一个人的结构：

> 古人将人类称作一个微型世界，这一称呼确实贴切，因为人体由土、水、空气和火构成，地球也一样。人体内的骨骼是肉体的支柱和框架，正如世界上的岩石支撑起大地;人体内的肺部血液随着呼吸而扩张收缩，正如地球上的海洋，每六个小时随着世界的呼吸而潮起潮落。上述的肺部血液继续奔流，沿密布的血管到达全身，正如海洋以无数水之血脉覆盖地球表面。

达·芬奇的文字里有些警句之精炼优美不下《圣经》中的句子，甚至可以媲美和令人联想起《箴言》《诗篇》或《传道书》。以下是达·芬奇著名的语句："美在生命之中消亡，在艺术之中不朽。"他坚信绘画是艺术的最高形式，下面的句子即一例："口渴烤干你的舌头，少眠拖垮你的身体，但是你就是找不到合适的词语来描述映入眼帘的画作。"

　　在他对不朽的观念里，通过我们的生活方式以及留给后代的精神财富，我们造就自己："哦，沉睡者，睡眠是什么？睡眠好像死亡。哦，为何不让你的作品令你在死后得到永生；而不是在生前如同不幸的死者般沉睡。"由此推出的另一处观点是："不要去研究会与作者一道死去的作品。"

　　下面这一句听起来则很像是完全引自《箴言》："不要追求可能失去的钱财，那是身外之物；美德才是我们真正的财富，是对其所有者的真正奖赏……至于地产和物质财富，你应当对其抱害怕的心态；拥有它们常常只换来耻辱，一旦失去就会受到嘲笑。"由于所有这些想法，一些跟达·芬奇同时代的人指责他"完全没有教养"。

当然，有许多笔记不是这么高深的道理。有要读或要得到的书目；有照顾一大家子，指导工作室的艺术家和工匠的平常活动的记录；有向各个赞助人抗议，要求支付薪金的信。因此，在汇编而成的《大西洋古抄本》里，在米兰的第一阶段期间他写给卢多维科·斯福尔扎的一封信的片段中有这样一段话："为挣钱糊口（通过接受额外委托），我不得不强迫自己中断大人交给我的工作，但我希望在短时间内赚到足够的钱，能够心情平静地满足大人的要求，我向您推荐我自己；假如大人您认为我有钱，那么您上当受骗了，因为我要养活六口人三十六个月的时间，而我只有五十达科特金币。"

达·芬奇从来不过于谦虚和隐藏锋芒，他不反对在必要时赞美自己，这点也在同时期写给未知收信人的一封信里提到："我可以告诉您，您从这座城得到的只会是临时凑合的工作成果和无可称道又粗鲁的'大师'：相信我，没有人有能力胜任，除了佛罗伦萨的列奥纳多·达·芬奇，他正在为弗朗切斯科公爵制作青铜骏马雕像，无须称赞他自己，因为这个任务需要他一生的时间，我怀疑他会不会完成这么浩大的一项工程。"

有时候，读者发现他的看法非常有先见之明，所以很有必要停下重读一遍，然后再读一遍，以确定自己的理解是正确的。达·芬奇引入了许许多多新观念，因此，人们倾向于给予他多于他实际上应得的赞誉，一定得小心，不要去过度阐释他的一些说法。然而，我们不可避免地会认为，他在以下段落中是在说明进化规则的基础原理，而在手稿的其他许多地方，他无疑也在对地质构成、水体和化石的观察里表明了这个原理。"需求是自然的女主人和导师。"他写道，"它是自然的主题和灵感，永远约束和规范着自然。"需求指的是生存需求——是进化过程中的催化剂。

按照同样的方法，他似乎理解了后世称为归纳推理法的原理，以及实验在解释自然界普遍规则时的作用：

> 首先，在进一步阐述以前，我要做些实验，因为我打算先凭借经验再通过推理表明，为何这些实验势必以这种方式进行。这是真正的规则，人们要分析自然作用就必须遵守；尽管自然以起因开始，以经验结束，但是我们却必须遵循相反的过程，也就是说（如我之前所言），以经验开始，并以其为手段去研究起因。

这种行为方式在达·芬奇所处的时代是其他人闻所未闻的。那是 17 世纪，大批哲人行事正好与之相反，他们对总体理论详加阐述，以解释自己的经验和观点。直至一个多世纪以后，血液循环的发现者威廉·哈维用一个短句表达了"没有教养"的达·芬奇提出的新原则，这个领域在科学研究里实际上尚属真空："我们用自己的眼睛去探讨，从低到高地逐级上升。"

达·芬奇手稿最初在忠诚的弗朗切斯科·梅尔齐手中，经由各种途径流传至今，成为珍贵的宝藏。梅尔齐对他这位朋友与导师的感情显然不仅仅是像当时人们叙述的那样，从他向达·芬奇的兄弟们通知其死讯的一封信里，我们可以看清这种感情。"对于我，他仿佛是完美的父亲。"这个年轻人写道，他离开自己的生父而跟随了达·芬奇，"对他的死亡，我的悲痛无法言说……这样一个人的逝去，对任何人来说都是损失，因为大自然不可能再造出一个相似的人了。"

在达·芬奇被安葬于昂布瓦斯的圣弗洛伦庭教会的修道院之后，他的遗嘱也被公布，其中立遗嘱人给予二十六岁的梅尔齐"立遗嘱人目前的所有藏书、关于其艺术与代表画家声誉的工具及肖像画，以回报其过去的服务和帮助"。

　　梅尔齐很快回到位于米兰附近的瓦普里奥的自家别墅，他在那里接待一些特许的访客，但只有他认为有资格的，才能看达·芬奇的手稿。他试图把这些材料组织起来，到其去世之前，最终编成了总共包括三百四十四篇短章的书卷，不过这些篇章还是显得杂乱，得不到出版商的青睐。1566 年，瓦萨里前来拜访，发现手稿有关绘画的某些部分已经从老年梅尔齐手里流出。这些笔记"从总体上探讨绘画和设计以及他关于色彩的理论"，还包括解剖学及人体部位方面的评论，据说是由米兰的一位名不见经传的艺术家持有。这些非常可能就是成书中缺失的手稿，后来逐渐以《绘画论》之名为人所知，首次出版于 1651 年，1817 年的版本更加完整。有人提出买下它，但梅尔齐拒绝了，坚持维护全书完整。1570 年他逝世以后，他的侄子也就是他的继承人，律师奥拉齐奥·梅尔齐（Orazio Melzi）觉得可以无所顾忌地按照自己认为合适的方式处理书稿。事实上看来，奥拉齐奥孩子的家庭教师拿走了其中一些，其余的也都分别送人了。一组手稿落到了雕刻家庞派奥·莱奥尼（Pompeo Leoni）

的手里，他承诺向自己的雇主——西班牙的腓力二世献出手稿。他确实这么做了，把手稿带到西班牙，可还没等他达成目的，腓力二世就去世了。于是，他转而将删节后剩下的部分编成一大部独立的书卷，其中有些配有大约一千七百张图样和草图，这些图有很多都安排得随随便便，看起来互不相干。这部一千两百二十二页的书其实是一本剪贴簿，被他命名为《大西洋古抄本》。至于他删掉了多少内容，无从知晓。莱奥尼 1610 年去世时，他的继承人坡里多罗·卡尔奇（Polidoro Calchi）得到了这部书与其他一些手稿，又在 1625 年把这些卖给了伽里阿佐·阿克那提伯爵（Count Galeazo Arconati）。到此时为止，人们已纷纷得知达·芬奇的手稿留存于世，并且价值连城。1636 年，阿克那提把《大西洋古抄本》以及十一卷其他的达·芬奇作品捐给米兰的安布罗西图书馆。图书馆创建人——枢机主教费德里科·鲍罗麦欧（Cardinal Federico Borromeo）已于 1603 年捐赠了另一卷，所以现在馆藏总共十三卷。有一定量的书稿落入其他人手中，其中无疑又有好几卷后来遗失。

拿破仑于 1796 年侵略意大利时，声称这些手稿是战利品，结果《大西洋古抄本》被带到法国国家图书馆，其他十二卷被送至巴黎的法国研究院。每一卷都经过仔细检查，首次在万切利（J. B. Venturi）的一篇文章里得到描述。如今它们为人熟知的形式是万切利以从 A 开始所编的字母序号。拿破仑战败后，《大西洋古抄本》被送回安布罗西图书馆，现在它被分作十二卷，从莱奥尼的册子里分出来并妥当地重新装裱。别的书稿在巴黎存留至今，只有一个例外：《论鸟类飞行》的笔记原来与手稿 B 装订在一起，但在 19 世纪上半叶不知何时被偷走，后来经过一系列颠沛流离，这本书现在保存在都灵图书馆。

原本归梅尔齐所有的其他手稿通过某种途径流落到了英国。这些看上去似乎是庞派奥·莱奥尼留在西班牙的手稿的一部分。1638 年，它们的持有者，一个西班牙人，将它们卖给了阿伦德尔伯爵托马斯·霍华德。霍华德当时正在西班牙旅行，他把手稿带到英国，可能献给了查理一世，因为这些手稿中的一部分，即《大西洋古抄本》于 1681 年被捐赠给英国皇家学会，随后于 1831 年被安放在大英博物馆。保留下来的书稿，包括解剖图，被送到位于温莎的英国皇家图书馆，与汉斯·霍尔拜因的一些画作一起，存在一个上锁的大箱子里，直到一个多世纪以后才重见天日。如今，在英国的部分手稿散落在温莎的皇家图书馆、大英博物馆、维多利亚和阿尔伯特博物馆（构成福斯特藏品），还有直到最近收入霍尔汉姆宫的莱斯特藏品。《莱斯特抄本》现在为身家亿万的微软总裁比尔·盖茨所有。肯尼斯·基尔估计，达·芬奇的原稿只有三分之一保留至今，或者说是其余的还没被找到。

但是至少对那些曾名噪一时而现在人们认为不可挽回地消失的手稿，希望尚存。近至 1965 年，两本显然失踪很久的笔记在西班牙的国家图书馆被重新发现。第一卷，今天被称作《马德里抄本一》(*Madrid Codex I*)，内容涉及理论力学，而第二卷《马德里抄本二》(*Madrid Codex II*) 是一本笔记杂集，题材多种多样，包括绘画、防御工事、运河修凿、地质学和光学等。

手稿的散失从很早就开始了。因为梅尔齐得到的材料只是达·芬奇带到法国的那部分。事实上，在 1516 年时，达·芬奇的解剖学作品有相当大一部分留在了佛罗伦萨的圣马利亚医院，并因此丢失。之后的损失情况只能靠猜测了。例如，费拉拉公爵在 1523 年得知，梅尔齐拥有的手稿里有"达·芬奇关于解剖学的小册子"，可是"小册子"表明这些研究结果是写在袖珍本里的，而温莎城堡中的手稿没有一本是这种形式。

　　研究和理解现存的手稿是一项极其耗费心力的工作。达·芬奇有时候似乎有一种强迫症状，要把自己所知的一切，或至少是关注的一切问题都记下来。甚至如果学者们有机会细读未经改动的原稿，会发现它们像拼图一样，观察结果、猜测和互不相关的思想被拼凑到一起，毫无条理，几乎不按照范围或时间顺序分类。不过要考虑到这些手稿都经过剪贴，比如《大西洋古抄本》和其他一些已被弄乱的原稿的杂集，更不用说缺少关联的资料，这些资料本来可能在一些笔记本和散页里，现在遗失了——结果，文学和科学领域的书稿互相混杂。对后人来说幸运的是，这反而激励了一批批研究达·芬奇的学者迎接挑战，特别是我们当今的学者。他们，还有我们，通过他们的作品，即便还不完整，但也有幸成功地了解到也许是世上最开阔的，无疑也是最富有魅力的心灵。

解剖学：与眼睛相关的问题

上一次说到，17世纪期间，一组达·芬奇的手稿被送往英国，安全地存放在一个上锁的箱子里。但当其主人被砍头处死，新政权取而代之的时候，即使箱子上锁，也有可能消失，或者至少被人遗忘。这正是英国内战及其余波导致的后果。大概在1778年的某个日子，国王的图书馆馆员罗伯特·道尔顿（Robert Dalton）在温莎城堡内无意中发现了一个箱子。他既不知道箱子里是什么，也不知道钥匙会在哪里。道尔顿把神秘的箱子打破，看到里面的东西时大吃一惊。他肯定立刻明白了这些书稿的价值，因为关于达·芬奇的解剖学研究著作，沸沸扬扬的传闻那时已遍布整个欧洲，尽管直至那一刻，大多都没有事实依据。传闻集中在《绘画论》中的图画和笔记上，广为散布的流言称只要找得到，还会有更多手稿。

1784年，英国最重要的解剖学家威廉·亨特（William Hunter）听说这部书稿集包括七百九十九幅图（如今只有六百幅保留下来，其余莫名其妙地散失了），其中有两百幅左右是人体结构图，于是提出了对其进行研究的请求。他被自己看到的震惊了：

我想不出，还有什么可能会比这些解剖图

对一位画家的事业起到更巨大的作用了。但我明白，其实我是惊讶地发现，达·芬奇在各个领域都追根究底，勤奋好学。他在对人体每个部位的研究中尽心竭力，他天赋超群举世无双，他在力学和水力学方面成果斐然，这样一个人还对他的作画对象观察得如此专注细致，当我想到这点时，不由完全确信达·芬奇是当时世上最杰出的解剖学家。

尽管亨特的颂词热情洋溢，却仍然有所保留。直到1543 年，安德雷亚斯·维萨里发表其长篇巨著《人体的构造》（De humani corporis fabrica），才算是有一部在解剖的精确度和细致度上接近达·芬奇的作品。维萨里因其开创人体研究的现代模式而著称，然而实际上达·芬奇是先于他的——尽管除了达·芬奇自己，没有多少人知道这一点。直接画下一具尸体，在他有此构想的当时是没有先例的。事实上，那时候的医生认为文字配图会分散注意力，只将图画用以证明学生必须通过阅读学习的理论架构。发表在 1859 年 7 月的《波士顿医学与外科期刊》（即《新英格兰医学杂志》的前身）上，对《描述与外科（格雷氏解剖学）》第一版的一篇评论表明，几个世纪以来，许多医学教授仍旧反对配图："让一个学生看插图的话，他肯定会对文字弃之不顾。"评论的作者是哈佛大学的解剖学教授老奥利弗·霍姆斯（Oliver Wendell Holmes），他指责亨利·格雷随意滥用细节图。为证实自己的主张，他提到两本当时的书，用他的话说即"两部最成功的已出版的解剖学著作，几度再版，无一配有插图"。

在对人体运转机制的理解上，甚至伟大的安德雷亚斯·维萨里都不能如此接近更加伟大的达·芬奇，在达·芬奇的作品中，各种不同的构造发挥着各自的功能，一幅幅插图点缀在文字中，清清楚楚地显示出它们的外观。和放在温莎城堡的箱子里的手稿一样，有些达·芬奇在各个领域中的发现不得不沉寂多年，等到几百年以后才重见天日。

同样，直到多年以后——事实上是到20世纪中期——达·芬奇的大量解剖学及生理学研究成果，乃至其深层次的知识，才得到完整的阐释。对达·芬奇而言，人类的存在形式即一个运动着的躯体，其动作和活动，不管是外在的还是内在的，每一个都符合力学原理，因此可以对其进行客观观察。这个非凡的观念值得赞赏，因为他提出此观念几百年后，很多——也许是大多数——科学家仍然援用超自然因素去弥补他们缺失的知识，去解释他们尚未完全用实验研究弄清的现象。对于持这个信念的科学家，某些现象永远都无法用研究解释，因为它们属于灵性的范畴。否定这些因素的影响不只是异端邪说，而且是渎神论调。

　　但是，从第一次拿起解剖刀开始，达·芬奇的研究就代表着解剖学上前进的一大步，是连"非凡"这样的词也难以描述的。自从公元 2 世纪起，不仅是解剖学，所有医学都由盖伦的学说主导。盖伦是古希腊的一名医生，主要在罗马行医，他把自己对健康和患病的人体的观念编撰成册，其理论统治了后世，成为所有理论家思想的基础来源。在那时人们的理解中，质疑盖伦的权威，就是质疑整个医学体系，没人胆敢试着偏离正统常规，以免被众人指责为离经叛道。在所有中世纪和文艺复兴时期的医生心里，盖伦学说的权威性堪比教会的教义。不管他们写作是用希腊语，还是到文艺复兴早期传播所有古典文献所用的阿拉伯语，当时的医学类作者都不过是对盖伦的作品进行校订和阐释，偶尔会对亚里士多德致敬，当然是在两人的观点在任何形式上达成一致的情况下。

盖伦的定理出版时，密密麻麻地印在足足二十二册八开本上。这些规则以对动物的解剖和理论推想为依据，通篇都坚信创造并引导大自然中一切构造体的是一个至高无上的工匠。他的学说并不以对人体结构的详细知识为基础，而是建立在某些笼统而富于幻想的功能论或者生理学上。在盖伦及其后将近一千五百年间，那些不假思索地相信其权威论断的医生们认为，生病是一个整体过程，由血液、黑胆汁、黄胆汁和痰四种体液的失衡引起，分别与热、寒、干和湿四种体质对应。在这个思维体系中，了解一个器官组织结构上的细节或功能上的精妙之处是没有用的，因为盖伦理论的概要提供了一切医学实践所需的东西。医学文本里为数不多的图画流于表面，而非真正对结构进行剖析，粗糙原始，勉勉强强与真实物体相仿。改变这种方式也是没有必要的，尤其是由于它们唯一的作用在于让人们更容易理解疾病的概念。事实上，在达·芬奇之前，人人都认为，只要不是腹壁上的肌肉表层，任何构造都不必严格按照原形描绘。

15 世纪末，所有意大利的大学都建议使用《解剖学》（*Anathomia*）作为解剖学教材，作者是蒙迪诺·迪·卢齐（Mondino di Luzzi），他曾在博洛尼亚任教授，对解剖学和疾病的观念深受盖伦理论的阿拉伯译者影响。其中最著名的是伊本·西拿（Avicenna，阿拉伯语里的全名为 Abu Ali al-Hussein ibn Abdalla ibn Sina），他于 17 世纪初发表《医典》（Canon）；还有科尔多瓦医生宰赫拉威（Albucasis），他的《医学宝鉴》（Meliki）发表于约五十年后。《解剖学》作于 1316 年，是一本八开本的册子，只有四十页，内容包括对解剖的指导。蒙迪诺是当时已知的少数亲自做解剖的教授之一，尽管他常常只是匆匆扫过一眼。到 1478 年首次出版成书时，《解剖学》手稿的复制本已经广为流传，遍及欧洲。在那一年到 1580 年之间，此书总共出版了三十三个版本（"版本"一词当时既可用于重印本也可用于真正的新版本），包括装订成七册的传播甚广的《医学集》（Fasciculus medicinae），作者是一个身份不确定的人，名叫约翰尼·德·克坦（Johannes de Ketham）。《医学集》最初作于 1491 年，是一系列有关刺络放血和手术的文章，内附之前所有医学文本里都从未出现的木刻版画。对于达·芬奇，《解剖学》1494 年在意大利出版的版本似乎至关重要。他在自己的手稿里提到（并非赞美）蒙迪诺的书，此书可能是他开始自学解剖的第一步。他采用的命名法与《解剖学》十分相似，几乎可以肯定，这是此书对他的影响。

尽管《解剖学》提供了一些对身体组织的浅层次描述，但其中大部分内容还是以盖伦学说的阿拉伯语译文为基础。达·芬奇也提及其他书籍，可没有一部超越蒙迪诺的中世纪要旨。《解剖学》里没有插图，只有一幅在当时广为流传的标准图，已流传了近一个世纪，教师和学生通常都用作参考。这幅图是最早描绘内部器官解剖构造的印制图，用在《医学集》里，蒙迪诺的《解剖学》即并入这部书中。达·芬奇对同样结构的描绘创作于他画《蒙娜丽莎》期间，他肯定会与之比较，以了解自己的灵感带来了多么大的飞跃。当他看到与当时被普遍接受的知识相比自己取得的成就，他心里闪现过什么念头，人们只能想象。无论是什么，他都绝口不提。他的作品里没有一处将自己的发现与前人的做比较，这跟当时的习惯大相径庭。

而那些公认的知识实际上是如何被认可的呢？对此，安德雷亚斯·维萨里为我们证实，他在达·芬奇死后三十年，描述了那时欧洲大学里的教课方法。至少有一个世纪，人体解剖得到教会的允许，成为对所有医生的正规训练教育的一部分。1543年，维萨里所作《人体的构造》的序言里出现一名典型教授的典型解剖示范场景。为达到课程要求，这些实践每年有一两次，主要目的是证明盖伦的观点真实可靠。这就是学生们与尸体打交道的唯一途径了。维萨里认为，整个过程是这样的：

> 一个可恶的仪式，在其中通常由某些人（专门为此雇用的外科医生）示范如何解剖人体，而其他人（教授或其助手）讲授部分的历史；后者居高自傲，目中无人，如同饶舌的喜鹊一般侃侃而谈，他们对自己议论的事物没有亲身体会，更多是依靠对别人著作（盖伦的和阿拉伯语的文本）的记忆或把已被说过的事再提出来；而前者却太不善于语言表达，不能向观看者说清他们在解剖什么。

这幕场景与达·芬奇人眼里的景象大不相同。

我有意选用"景象"一词，因为正是直接所见的景象令达·芬奇的研究区别于归在盖伦学说下的全部理论。为了解答一直以来"为什么"的疑问，他首先得理解"怎样"，这就要求他细致入微、全神贯注地钻研结构上的准确细节，在此之前是没有任何一个人考虑过这些的。清楚地观察，客观地诠释——这两点是解决自然之谜的关键所在。他有一双艺术家的眼睛，可他同时又有科学家的好奇心与统觉，这种统觉意味着，只有将一个现象简化为基本组成元素，才可能对其完全理解。只有了解结构上的细枝末节，才可能开始弄清其功能。

早在盖伦为一己之利挪用希波克拉底的文字以前，公元前4世纪和公元前3世纪的希波克拉底们就已知道了这点。他们对病人的观察细致入微，对症状的描述精准无误，只要花些心思，足够细心的人都能核实他们的结论。但是由于希波克拉底及其追随者从不钻研解剖学，所以自古以来没人用同样追根究底的眼睛去查看人体的内部器官，因为它们与病人的外部表征和症状无关。当盖伦在五百年后出场，他依靠对动物的解剖和哲学家式的推测去解释解剖构造和功能，却不专心审视人体的每一个器官及其每一种运动。经过数百年的空白后，达·芬奇出现了，他又一次意识到了解事物本质的关键——尤其是人类的本质——首先要以敏锐的眼光仔细观察，不放过任何一个细节。

然而，光看是不够的。看到的东西必须记录下来，不仅是为保留新知，也是为从容不迫地进行研究，在无法阻止解剖物在几天甚至几小时内腐坏的时候尤为如此。在达·芬奇看来，仅使用文字记录下来也还不够，因为只有图画才能原原本本地反映被观察的物体。

哦，作家们！图画完美地表现出整个结构，你们有什么词句能够取而代之呢？你们对此一无所知，描述得乱七八糟，物体真正形式的微小信息，你们自欺欺人地以为，流于表面地随便说说一个物体的构造，就可以让读者满意。可我提醒你们，不要咬文嚼字，除非你们在对盲人谈话，或者，假如你们想用言语而不是文字说服人们，谈些实在的或自然的东西，不要把本该用眼睛看的东西胡乱灌进耳朵，因为你们的词句根本比不上画家的画作。你们用文字描述心脏，都可以写出一本书来，可你们写得越多越详细，读者就会越糊涂。

达·芬奇不只是会舞文弄墨或耍弄唇舌——他同样擅长用绘画表达思想。在他的解剖学手稿里，配图的文字比图画本身次要得多，比较像后来添上去的或是补充说明。它们包括解释性的注解、达·芬奇对自己进一步配插图的建议，以及对需要深入研究的问题的陈述。实际上，这些解剖学手稿主要就是图集。其中有各种各样完整度不一的图画，有的简略地描绘表面，有的精心地刻画细节，其他的介于两者之间。

这些图画的表现方式是新颖的。达·芬奇不满足于仅仅表现从正面看到的结构。他的图还包括其他几个角度：背面、侧面、底面、上面等等——不管是哪一角度，都似乎是清楚表示其三维本质所必需的。按照前文所述，他引入剖面图法，比如，将一条腿从腿肚中间分开，露出创面，以展示那里的肌肉。为实现目标，他会分别剖开不同的样本，例如一个器官、一只胳膊或一条腿，这样就不会漏下任何一个解剖构造上的细节。有时他会把某个身体部位叠加几层展示其深度，就像幻灯片一样；有时他则会略去表面几层。为画血管，他会把周围所有的组织都去掉，使血管独立地直观地呈现。

创新方法不止这些。还有画出骨头的透视图，展示其内部结构；去掉背部肌肉后从后面画出腹部和胸部内脏的模样；将蜡注入器官内部的空隙处，例如心脏的两个心室及大脑，对其提供支撑，进行塑形。在解剖眼睛这个众所周知难以切割的器官时，达·芬奇想出一个主意，先将其浸在蛋清内，然后连蛋清一起煮，于是在切割眼球组织前，眼球就包裹上了一层坚硬的凝固物。如今，为精准地切割脆弱易损的组织结构，类似的镶嵌术已十分普遍和常见。

一直以来，达·芬奇解剖的目的不只是展示身体各部分实际上是什么模样，还要表明它们在整个有机体内是如何运作并发挥功用的。于是，在这个计划中，不同结构间的三维关系变得极其重要，在某种程度上与各部分的几何结构一样重要，因为它体现出力的分布，而在达·芬奇的认识里，力对一切运动都非常重要。为研究这些力，他用铜线替换骨骼上的个别肌肉，把它们系好，例如系在二头肌的起始处和插入点间，就可以明显地看到收缩和放松的肌肉轮廓。

如果要列举出达·芬奇在解剖学领域的成就，"之前从未有人办到过"这句话确实将出现多次，读者很快就会厌烦，并怀疑其是否真实——然而，除此之外别无他法，再说，这话重复多少遍也是不够的。达·芬奇一次又一次成为开创者。因此，没人了解他做了什么，他的所作所为都得等到几十年或几百年后才为人津津乐道，这真是无法估量的一大损失。直到安德雷亚斯·维萨里在科学世界登场，才改革了人体研究，而这不过是因为有史以来最伟大的解剖学家一直只与自己交流，只有寥寥几人能理解其发现的伟大之处，而从未有人完全明白他的成就是多么无与伦比。

当达·芬奇开始从事解剖学研究时，他可能是从一个画家的角度出发，想促进自己对形状和表情的理解，用他自己的话说，即画出"人及其灵魂中的目的"。但他永不满足的好奇心被激发起来了。渐渐地，他对自己正在研习的以及将发现的东西越来越感兴趣。他一点一点地迷上了充满魔力的奇迹般的人体，好像某个已被遗忘的原始人，第一次看到垂死的敌人被砍开的腹部或胸部，看到里面尚余活力的内脏最后的挣扎，震惊得目瞪口呆。的确，达·芬奇渴望了解的正是这运动，这种愿望甚至比想要了解单纯结构的愿望还要强烈，不久之后，他就开始在这条路途上进行漫长的探索，但最终还是没有完成心愿。

为进行这次探索，达·芬奇做了精心准备，他明白为此需要付出什么。他首先提醒未来的所有解剖研究者

（他指的是他自己），要在尸体堆里工作，必须克服恐惧（见26页），随后他讲述了从事此项研究需要掌握的技术：

　　而如果这没有阻止你，那么或许你缺少精湛的制图技巧，这一技术在这种实践中是必不可少的。假如你有绘画的技术，但可能没有透视方面的知识，即使有，你也许又不懂几何学的证明方法，计算肌肉的受力和用力情况；又或许你耐心不足，那么你就不会勤勤恳恳。无论我身上是否具备所有这些，我都将在自己撰写的一百二十部书里得出是或不是的结论。我之所以目前还没完成书稿，既不是因为贪心也不是因为疏忽大意，而是由于时间不够。再见。

　　虽然说这一席话的人终究没有写出那计划中的一百二十部书，但是有其他证据表明，他最后打算出版一篇关于人体的论文，论文大概就分为这么多章。他没能做成这件事，"既不是因为贪心也不是因为疏忽大意，而是由于时间不够"。

　　达·芬奇拥有一切他认为研究人体所必需的素质。如果想要如实地表现生命的状态、模样和行动，每一种素质都不可或缺。他指出透视法是"眼睛的运用"，决心尽可能揭示出这个器官及其与人类行为的关系方面的知识。此外，他研究眼睛还有一个原因，这个原因充分体现出达·芬奇对于个人如何着手钻研宇宙中所有事物的看法：了解眼睛是了解生命这一漫长征途的起点。进一步说，要发现事物的真实本质，首先得用双眼去看事物。

达·芬奇最早是对眼睛结构及大脑结构进行研究，在视觉系统中，眼睛把信息传到大脑。他还研究光学和光的性质。起初，他只是想解释距离和光线对物体表面产生怎样的影响，但他很快就开始专注于钻研眼睛的解剖构造和生理机能。那时，人们认为视觉是在晶状体里产生的，可他并不满足于这一看法，而是得出自己的结论——其实是光聚焦在视网膜上，人才能看到东西。

尽管如此，但达·芬奇对眼睛的研究不是特别成功，很可能是由于在他整个解剖学研究生涯中进行这些研究为时尚早，不如以后的实验那么熟练。然而，鉴于当时的知识水平，他的某些猜想似乎不无道理。例如，他画光的路径时，显然需要解释为何人们看见的不是上下颠倒的。对这个谜团，他的解答是，假设颠倒发生了两次，第一次在瞳孔，第二次在晶状体，那么得到的映象是正立的。尽管他后来抛弃了这一构想，但是他从未找到映象正立的原因——不过谁又会以为在15和16世纪相交之际就可以解决这个问题呢？他确实认识到清楚敏锐的视觉范围肯定是非常小的一个点（后来证实即视网膜中心的黄斑），不过他又误以为它在视神经末梢上，考虑到他的其他一些观念之非同寻常，这是另一个值得一提的错误。

尽管《绘画论》里有很多解剖学观察结果和图画，但达·芬奇似乎直至1487年左右才开始更科学的人体研究，也就是在他长期居留米兰期间。第一批图主要是描述性的，其目的在于表现形状和透视法。这一时期的成果中有一组十分精美的颅骨图，其中一幅上面标有日期1489年4月2日，在此类标注里是最早的。这段时期内还有一些其他图，画着切开的颅骨在不同角度的样子，露出窦、眼窝和视神经穿过的空隙。按照典型的方式，这些图附上的文字很少。从标注的日期来看，著名的性交图也作于这一时期，大概是1493年，误差不会很大。

从达·芬奇的笔记和图画可以看出，他阅读的材料至少包括蒙迪诺和盖伦的著述，而且几乎肯定是意大利语的译本，也许还有其他一些对盖伦学说的改编。在这些研究解剖学的初始尝试中，他犯的错留有他们影响的痕迹，同时还表明他很少在人体上做实验，而是套用了对动物的解剖结果，比如青蛙、狗、猪、母牛、马和猴子。奥马利和桑德斯相信，达·芬奇在米兰期间仅仅得以解剖一具尸体的一部分——一个脑袋，可能还有一条腿和一只胳膊。可是对于他而言，这些解剖以及在动物身上做的工作已经足够，他凭这些已能对断层解剖学的运用加以介绍。所以即使他仍是个新手，出了些错，也没能妨碍他在几乎所有前人的基础上前进的脚步。

从1496年起，达·芬奇在他与数学家卢卡·帕乔利的友谊中获得了越来越多的益处。应当被记住的是，帕乔利在那一年来到米兰。结果，在此后十年中，达·芬奇好像逐渐倾向于从力学甚至是几何学角度去看待人体。他对艺术方面的考虑越来越少，开始转移关注的重心，试图解释身体发挥功能的生理过程。到1505年他五十三岁时，他通过解剖学的解释，对人体生理机能方面的动力学进行了深入详细的研究。如果把他此后的研究领域分类，那么可以划分成五类：肌肉和骨骼、腹部器官、心脏、神经系统和胎儿在子宫中的发育。

实际上可以说，早在第一次居留米兰期间，达·芬奇对运动根源的迷恋就已促使他对神经系统展开研究。尽管他深受伊本·西拿和蒙迪诺的影响，但他仍然从肌肉开始向后寻找脊髓中外围神经的起点。不但如此，他在这段时间内还开始了熟悉臂神经丛的漫长过程，直到大约二十年后，他解剖前文所述的那位老人的尸体，对其体内硬化动脉的结构做了细致的观察，才成功地给这项研究下了结论。在 1505 年后的某个时候，他指出，一块肌肉振动，近旁的另一块肌肉也会随之在相应或相反的方向上振动。直至 20 世纪初，诺贝尔奖获得者、神经生理学家查尔斯·谢灵顿爵士描述了这一生理现象，人们才对它有了认识。虽然达·芬奇用一幅画有髋关节周围结构的图作为配图，但他已理解了其普遍性，这是不言而喻的。

在外围神经这一类里，达·芬奇还观察到末端肢体的撕裂现象——以手为例——可能导致丧失感觉或不能运动，有时两者同时发生。虽然他的原话并非如此，但是他已经清楚地发现，有些神经是感官神经，有些是运动神经，有些则同时掌管感官和运动。公元前 4 世纪亚历山大派医生们观察得出的结论被盖伦掌握，但却一直未得到广泛承认，这一发现从本质上对其进行了重新发掘。

达·芬奇也涉足对大脑的研究。像有些古人一样，他确信灵魂的居所——他坚定地相信这种观念——就在大脑中。这种世界观继承自前人，甚至连达·芬奇这样拥有自由心灵的人，也难免落入窠臼，无法摆脱陈旧观念的影响。但他同时也以一种现代的眼光审视大脑，将它看作所有身体活动的终极控制中心，密密麻麻的神经从中一直延伸到身体各处。达·芬奇使用"皮质感觉中枢"这个被用滥的词来表示他所认为的一切感觉的汇聚点，公元4世纪以来，这个位置在人们的构想中被认为是对事物进行判断的地方。他所做的解剖令他确信——可惜受到他所读的书的误导，这种想法是错误的——大脑中有叫作"脑室"的空腔，神经直接或间接地通到其中一个，为证明这一点，他曾向脑室里注入蜡。他将以上观念加以整合，用类比法描述其中的肌肉运动：

> 肌腱及其肌肉之于神经就如同士兵之于他们的将领；神经之于皮质感觉中枢就如同将领之于他们的统帅；皮质感觉中枢之于灵魂则正如同统帅之于其君主。因此，骨头的关节服从肌腱，

肌腱服从肌肉，肌肉服从神经，神经服从皮质感觉中枢，皮质感觉中枢是灵魂所在之处，记忆是其监测仪，接收印象的能力是其参考的标准。

他还发觉，四肢与其他部位的某些动作不受意识干涉。他需要解释他所说的"神经有时是如何不受灵魂控制发挥作用的"。"将领"在习惯于带领"士兵"进行某些活动时，会发展出某种独立自主权，而不必听从"统帅"的命令。通过援用这一点，达·芬奇对上面提到的问题做出了阐释：

> 军官在不止一次的情况下执行了其君主下达给他的任务，那么与此同时，他也会做出一些不是按照其君主意志行事的举动。所以，常常可以看到，手指在判断力的命令下，无比顺从地学会使用工具，之后却不需通过判断力，自行使用工具。

虽然达·芬奇在这段话里说到，我们自动自发的很多下意识行为是训练的结果，但他的观点也涉及各种反射行为，无论这些行为是后天所限还是先天而来。在描述反射现象的时候，他也描述了驱动感觉的反射弧，还证实了其中心在脊髓，不受更高级的中心，或者说"统帅"的干涉。

于是，哪怕达·芬奇的解释是错误的，是建立在旧有医学理论以及公认的万物有灵论基础上，达·芬奇也成功地观察到并提出了比当时超前几百年的观念。在其他三个研究领域中，他进一步摆脱了继承自当时的思想家的束缚，我们将在下一章发现这一点。

解剖学：与心相关的问题和其他问题

"人是什么？生命是什么？健康是什么？"——这些是达·芬奇对自己提出的问题。不论是在《绘画论》的早期证明里，还是在始于1487年左右，精确度在1508年至1515年期间达到顶峰的确切研究中，它们都贯穿了他的整个人体研究生涯，成为他的人体研究主题。引导他解决问题的始终是他对运动的痴迷。

在安排其伟大的解剖学工作的计划方案时，达·芬奇写道："做好安排，这样力学基本原理方面的书应优先于对人类与动物身上的运动和力的论证，你将能够以此检验你的所有观点。"他这样想着，于是把手脚的骨骼设想为杠杆，力通过肌肉作用于它们。他的笔记本里满是根据这条原理画的图，为他的大量作品打下了基础，这些作品涉及两个领域，现代解剖学家称之为肌肉学和骨学。从他的字里行间可以看出，在全部研究中，他的目标都是理解甚至完完全全进入自然的心灵，并有可能成为在自然与艺术之间的解释者。或许达·芬奇的那个伟大秘密正是：我们如今可能比他对自然的行为知道得多得多，但他明白自然的心灵，而我们却从未了解。

最令达·芬奇着迷的肌肉是心脏，而盖伦曾断然否定它是肌肉。在这位古希腊医学之王看来，心脏这个器官的行为太过特别，只可能由某种本身就很特殊的组织构成。一千三百年来，这一观点一直未受质疑，达·芬奇不仅提出异议，而且指出心脏与其他肌肉并无二致，它依靠激活作用和血管去完成功能运作。"心脏是由厚块肌肉组成的一个容器，与其他肌肉一样，从动脉和静脉处获得活力和营养。"他写道，并进一步分析且画出冠状动脉，它们从大动脉的底部伸出，大动脉那粗大的软管又从左心室伸出。他认出的不但有冠状动脉，还有大动脉起始处的三个小包，或者叫外凸，每一个恰好在一片小叶，或者叫尖头之上，位于将它跟左心室分隔开的瓣膜上。两百年后，这组小包将被命名为瓦尔萨尔瓦窦（sinuses of Valsalva），以纪念在 18 世纪初 "发现" 它们的一位意大利解剖学家。

另一条被达·芬奇抛弃的盖伦理论是，心脏在体温——自希波克拉底时代以来就被这样称谓——的产生中扮演的角色，人们认为它来源于一种从左心室里产生的精神力量。在达·芬奇机械般严谨的心里，这样非物质的解释不堪一击，但 "天生体温" 的概念却是那个时代的假设之一，由于某种原因，他无法超越那个时代。在那个时代，人们认为体温是存在的，它来自心脏内。

达·芬奇同意这个学说，可他又违背盖伦的教条，坚持认为体温的产生是由于血液在通过心脏瓣膜和心室时打旋摩擦。为证实这一观点，他指出当病人发烧时，心脏跳动得快。他一反常态，本末倒置地声称，心脏收缩更多次，运动和摩擦也必定明显地增多，从而说明了体温升高的原因。我们现在知道，在我们生命的每时每刻，我们体内都会有无数次的化学反应制造出大量能量，体温由此产生（这个过程由大脑里的一个温度中心控制），但达·芬奇当时不可能想到这种可能性，尤其是在当时的条件下，所谓的化学基本原理仅仅来自术士们的炼金试验。有些科技若要取得进步仍旧遥遥无期，甚至连人类想象力所能到达的最远处——列奥纳多·达·芬奇的想象力——也想不到。

达·芬奇不但对盖伦提出的，由伊本·西拿和蒙迪诺传播开来的关于心脏的设想持异议，在体温和肌肉组织方面的问题上也反对盖伦。这位老权威提出，心脏由两个心室组成，血液分别从身体和肺部返回到心室。他认为，这两个心室顶上有耳状的小附着物，它们负责接收多余的血液，吸入空气（据说在身体系统中是含有空气的）。而达·芬奇指出，心脏的心室不是两个，而是四个：一个右心室，一个左心室，上面还有一个右心房和一个左心房（他称之为上心室或心耳），两个心房接收回流的血液。他还表明，下方心室内的带状结构名为心脏乳头肌，而从中向上伸到心脏瓣膜小叶处、帮助控制其运动的细线叫作心脏腱索（这也是他的发现）。他发现了心耳（现在所说的心房）后，认为它们的收缩驱使血液向下流到心室，这在很大程度上是正确的。可他又相信心室在关闭之前反过来把血液朝上输送回心房，结果，在循环的血液通过动脉和静脉被送往身体各处以前，大量血流令血液温度提高。

达·芬奇考虑这种输送方式的结果时，还是接受了盖伦的学说，这一学说认为，血液同时通过动脉和静脉流到外围，一旦到达那里，就被组织彻底吸收以获取营养，迫使血液源源不断地一直补充。因此，达·芬奇在某些方面仍然还是那个时代的人，他完全忽视了循环的概念，到1628年，这个概念才由威廉·哈维做出详细阐述。

达·芬奇的手稿真本中最广为人知的一句话是有关心室收缩的。在托斯卡纳，人们杀猪的惯例是把猪撂倒，绑在一块板子上，然后用一种类似钻的工具在猪的胸壁处切进心脏，这样猪就会迅速失血而亡。由于它们死前心脏还会跳动几下，所以达·芬奇借此机会研究了心室运动的外部证据。他仔细记下钻突出的手柄那有节奏的运动，得出正确的结论，即心室跟肌肉一样，在收缩时会变短。不但在此之前没有这一点的观察记录，而且达·芬奇也能让自己满意地证明，同时在动脉里感觉到的脉动也是由心室的这种收缩引起的，在达·芬奇那个时代，还没有人把它们联想到一起。他意识到脉动、心室的收缩、心尖对胸壁的重击以及血液喷出到主动脉，都是在同一时间发生的，当时的理论尚未将这种种现象联系起来，这一领悟可谓相当超前。有意思的是，借由金属探查器具切割胸壁，去研究心脏运动，这种方法在19世纪末得到重新起用，英国与德国一些著名的心脏学家还把它当作非常精确的研究工具加以运用。

在达·芬奇对心脏解剖学与生理学的所有见解中，有两条言论可谓令人震惊。第一条是关于瓦尔萨尔瓦窦的功能。至少到20世纪早期，所有心脏学研究者一致推测，心脏与主动脉之间的瓣膜（主动脉瓣）被动地运转，好比一台标准的水泵：当心脏收缩，将血液挤压出去，迫使瓣膜打开，于是血液就可以向上灌入主动脉；当心脏收缩产生的压力减小，瓣膜又在主动脉内血液柱的重力作用下关闭，从上往下压。这似乎是对这个系统力学的完美而浅显的阐释，并且还简洁明了，人们长久以来都认为简单朴实是大自然的艺术特点。

不过，在1912年，有证据显示，动力学并不如之前以为的那么简单。事实表明，瓣膜在某种程度上是逐渐关闭的，有一个平缓的过程，而不是像人们解释的那样，在急剧改变的压力作用下突然关上。几十年以后，研究技术才足够先进，可以令人满意地探究细节并将其实际地形象化。到20世纪60年代，染色法和射线活动摄制术得到充分发展，对血流方式的研究有了极度精确化的可能。人们证实，有些喷进主动脉的血液旋转着流到三个凸起的囊中，这三个凸囊正好就在其起点处（瓦尔萨尔瓦窦）形成涡流，对瓣膜的上表面施加压力，致使瓣膜开始关闭，甚至在心室完成收缩以前，瓣膜就闭合了。没有新的研究方法，是不可能了解到这些的。

也许人们都如此认为，可达·芬奇早在16世纪开始的十年里就对此做了论证。他从制作主动脉的玻璃模型开始实验，最后以瓦尔萨尔瓦窦以及从公牛或猪身上取得的瓣膜结束。他将模型插入一颗注满水的牛心顶端，模拟出人体内的解剖结构。在没有X射线技术（直到将近四百五十年之后才发明）的条件下，达·芬奇这样形容自己所用的巧妙方法："在注入牛心的水中加入小米或纸莎草，可以更清楚地看到水是如何运动的。"他的文字和图画都明明白白地显示出构成主动脉瓣的三片小叶开合的准确过程，还说明引起小叶闭合的原因在于瓦尔萨尔瓦窦里产生的涡流。他一再证明瓣膜关闭是循序渐进的过程。达·芬奇所做的观察与大批研究者始于1969年的一系列研究相同，也得出了跟他们一致的结论——而这一切仅仅依靠的是观察在水流中旋转的细小种子或纸莎草。在达·芬奇给时代留下的全部奇迹之中，这似乎堪称最叫人惊叹的一个。他进行这些实验时已年过六旬，更是为其添上了非凡的色彩。

第二条惊人的见解与其说是从实验得到，不如说是由直觉力而来。如前文所述，达·芬奇解剖了猝死老人的尸体后，开始对他在尸体中发现的动脉阻塞和扭曲现象进行思考。当与他大约同时解剖的两岁孩童那平滑畅通的血管进行比较时，这些发现就显得特别引人注目。他向自己提问："为何老人的血管变长，过去直的血管变弯，血管外层增厚，以致堵塞阻碍了血液流动，最终令老人死去？"他给出的答案一如既往地具有预见性：血管壁变厚，是由于从血液中吸收了过量的养分——在后来的时代，胆固醇的概念以及所有疾病都联系到超过西方标准的暴饮暴食上面，所以这不难猜测。直至20世纪后半叶，研究者们才开始关注动脉硬化的起因问题，并发现达·芬奇在遥远的四百五十年前就已找到正确的答案。

　　我们无法获知，达·芬奇称心脏的位置在大脑和睾丸的正中间，是否具有某种哲学意味。不过可以肯定的是，他常常冥思苦想，思索心跳是自动的，还是需要一根神经来驱动的问题，这里所说的神经可能是迷走神经。他从其位于大脑的起始处开始，一直解剖到它连接心脏的地方。他有一次这样写心脏："它自行跳动着，永不停止。"但后来某个时候，他似乎又重新思考，插入一段备忘记录，告诉自己应当研究是否有来自神经的刺激。虽然他始终没有解决这个问题，但是随后几百年来研究者们一直找不到答案，这也毫不奇怪。直到19世纪90年代，英国研究者进行了一系列实验，才取得了确切证据，证实了心跳是由心脏内部天生的构造产生的，这一学说当时被称为肌原理论。

　　达·芬奇对心脏的研究大部分在1508年至1515年

期间完成，不过他对骨骼和肌肉的研究却持续地占据了他写作笔记的整个时期。《绘画论》和温莎城堡的手稿中都记录有研究结果。比起他的其他研究，这些身体构造的图画浓缩了他了解身体及其运动的全部心血，典型地体现了他的研究手法。如前文所述，他的目标不仅是从几种角度画出每一个部位，而且是要去除周围组织的干扰，对各个部位单独加以充分描绘。换句话说，他留下足够的相邻物质，好充分了解相互关系。在很多情况下，他会尽可能地反复进行解剖，以全面掌握一个组织的解剖构造与功能，并表现在图画中。由于尸体稀少，解剖尸体的机会也不如他所希望的那么多，他只好尽量利用有限的条件。比起找一整具尸体，找单独一只胳膊或一条腿显然要容易得多，所以当研究四肢时，他就能够达到自己的标准，而研究其他身体部位时就没那么幸运了。以下段落中，他先发制人地回应一个质疑者，此人宁愿观看实际解剖过程，也不愿看图。阅读这段话的同时，我们应该回想一下前文提到的，维萨里对当时大学里解剖示范过程的描述。

　　假如你声称现场观看解剖比看这些图画要

好，那么如果可能在一具尸体中看到这些画里的一切东西，你就算说对了。可是除去几根血管，这些东西你动用所有才能也看不到，也一无所知。关于真正了解这些血管这一点，我（已经）解剖了十多具人类尸体，把所有其余部分都去掉，连包围这些血管的最细微之处的肉也不例外，小心不让它们流血，除了毛细血管①会不知不觉地流血。在这么长时间内，单独一具尸体是不够的，所以需要多具尸体，一具接着一具进行解剖，才能完成整个过程，得到完整的知识；为观察变化，这个过程我重复了两次。

当然，对一位如此专注于解释人体功能运行原理的人来说，钻研哪个领域都比不上研究骨骼和肌肉，这是最可能获得成果的研究范围了。达·芬奇将杠杆原理作为自己的方法依据，研究人体在出于围绕中心保持平衡的需要时如何运动。他分析在各种形式的运动移位以及

---

① 我们如今称作毛细血管的血管过于细微，当时还未被发现。达·芬奇是首位在著作中使用此名称的人，这个词意指极度微小，肉眼无法看到的血管。——原注

不同的静止姿势中的平衡变化，努力弄清改变稳定状态时的力线状况。他注意到相对的肌肉群之间有相互作用，这是保持姿势的一个重要因素。随着在科研上的兴趣越来越浓，他将全部精力都倾注在对个体四肢及其局部的运动机制的研究上，1508年以后尤甚。

为此，一页或多页手稿上会附有一块骨头的图，随后的另一幅图上是同样的骨头，包裹着一块或多块肌肉，可能还有这块骨头与其构成的关节的关系图。接下来的图是切开的肌腱，以展示肌腱后面的东西，也许会添上其他肌肉，图中的四肢可能会做出一些动作，还可能画出力线的示意图。同一结构会在各幅图中呈现不同的角度和状态。配图的说明文字一律短小精简，有时候甚至完全没有说明。对达·芬奇而言，故事都在图画里讲述。

达·芬奇特别感兴趣的是手上下翻转的动作——把掌心向上或向下。他惊讶地发现，二头肌不仅让手肘弯曲，而且还旋转前臂双骨之一，较小的桡骨的顶端，帮助手掌上翻。他观察到当手掌向下翻转时，前臂变短，因为桡骨和尺骨互相交错。在研究手部的过程中，他首先准确地画出了手部骨骼，将它们与猴子的以及蝙蝠和鸟类翅膀的骨骼做比较。达·芬奇对比较解剖学充满兴趣，这从他的画作中就可以看出，他的画展示了人类下肢与马腿、熊腿的相似性。在对骨骼的研究中，他还首先展示了脊柱的双曲线和骨盆的倾斜度，首先确证了椎骨的正确数目。除此以外，达·芬奇还发明了现在被称为"广角"的方法，即将一个关节的其中一部分，以肩膀为例，拉伸得仿佛与另一部分分离，以显示出两者的关系。

达·芬奇对心脏和肌肉骨骼系统的研究是具有开创性的，他在消化器官方面的意见则远没有那么准确了，尽管他其实是第一个形容小肠和大肠之间真正关系的人。他把融化的蜡注入血管，这样就能极精准地画出通往肝脏、胆管、脾脏和胃的动脉，还有其他某些通向这些器官的血管。他似乎对括约肌——或者按他的话叫"看门人"——具有特殊的研究兴趣，其中又以肛门括约肌为最。他决心清楚阐释叫人困扰的肛门收缩机制。他认定在洞孔周围有五块肌肉，相信在这些肌肉的共同作用下，肛门通道关闭，周围的皮肤皱起。尽管他弄错了肌肉数目和它们的动力，但是他的基本观念是正确的，而当时的其他人甚至都没想到要处理这样一个深奥的问题。无论如何，他的看法都与 20 世纪中期的解剖学家的理论出入不大。

　　由于达·芬奇尊重生命，决不对动物实施活体解剖——事实上，出于同一理由，他还是个素食主义者——所以达·芬奇从不观察肠的蠕动，他似乎对其存在都一无所知。（只有一个例外。在达·芬奇进行的一个实验里，他破坏了一只蛙的脊髓，以研究在去掉其头部的神经结构之后，它对刺激会做出什么样的反应。）就他对运动的迷恋而言，他无疑会对这种波浪状起伏发表一大通言论，肠子通过起伏波动，推动着负载物循序渐进，先是吸收其中的营养物质，最后排出没用的残余物。他不能说明消化中的食物是怎样在肠道中下行的，就将之归因于肠积气的推动力以及腹部肌肉和横膈膜的作用。虽然他知道肠壁有肌肉层，可他却认为这些肌肉之所以存在，是要避免肠道因气压过高而破裂。为解释为何物质不返回而是继续前进，他举出小肠和大肠自然的弯曲、扭结以及转向为例，它们类似心脏瓣膜，具有防止倒流的功能。公道起见，必须指出尸体里死去的肠组织特别容易腐烂，速度快得出奇，这也许是达·芬奇无法照常对其展开细致研究的原因。甚至是这位了不起的芬奇人也跨不过"天然的恶感"这道门槛，而这正是他提醒想要研究解剖学的人们要注意的地方。

不过，达·芬奇确实准确描述了吞咽动作：食物绕过气管进入食道。他还得出另一个之前从未有人注意过的观察结果：他发现了阑尾的存在，并清楚地画出了它。丝毫不令人感到奇怪的是，对于这样一个存在原因在很大程度上是个谜团的器官，他误解了其作用，猜想它是一种"死胡同"，可以扩展以减小结肠内的气压。

说到谜团，在那个科学革命尚未开始的世纪，再没有什么比受孕分娩更深奥难解，更令人气馁的奥秘了。尤其是对一个看起来压抑或抑制一切性欲，不让性欲表现出来的男人——一个终其一生都在不断追寻理想化的母亲，像孩子一般陶醉于母爱之中的男人，对于这样一个男人来说，对每一个生殖阶段——从产生性欲到生下孩子——的好奇心一定是个驱动其开展研究的强有力的因素。

达·芬奇公开宣布，自己简直一想到性交就厌恶，如人们料想的那样，他使用的言语自相矛盾，正是性欲压抑的表现："生殖行为及其行为者非常令人反感，要不是因为脸蛋漂亮，衣饰华丽，加上郁积的冲动，人类就将停止繁衍，大自然就会失去这个种族了。"然而，他仍然被自己表面上所排斥的事吸引了。对他这种受抑制冲动的表现方式，一位现代心理学家会毫不犹豫地称之为"升华"。以著名的《性交图》为例，这是一种对完满性欲有意识的表达，根据肯尼斯·克拉克所言，"以出奇冷静的眼光看待这一普通人生活的核心时刻"，非常极端。许多人都会同意这话，但也可能有其他人在这幅画中发现与所谓"升华"相去甚远的某些东西，坦率地说，即某些淫秽猥亵的东西，甚至还有点使人想起初中男生在教室里傻笑着偷偷摸摸传看的那种图画。正是这种矛盾令任何对达·芬奇的分析，包括我的，都不能达到完全的确信。无论各种假说看起来多么有说服力，多么显而易见，始终会有一点证据叫人拿不准。

在与马尔坎托尼奥·德拉·托雷合作期间，达·芬奇写到，他计划中关于解剖学的伟大杰作将会对生产过程每一阶段进行全面详尽的描写。

> 这部作品必定从人的概念开始，描述子宫的性质，以及胎儿如何居住其中，在那里待到什么阶段，通过何种方式发育成生命体并摄取养料。作品还将描述胎儿的成长历程，以及各

个成长阶段之间的间隔期；是什么迫使其离开母体，又是什么原因让它有时从母亲的子宫中早产？接着，我会描写男孩出生后，哪些人发育得比较好，并判定每一年男孩的身体比例。然后，我会描写成年男女，还有他们的比例、面部特征、肤色和脸型。接下来是他们的身体结构：血管、肌腱、肌肉和骨骼……另外你不可错过的还有三幅女性的（透视图），由于子宫和胎儿的缘故，其中有许多东西都让人感到不可思议。

这不仅仅是一项计划——它还是一篇宣言。在其大胆的声明中，我们可以认识到，达·芬奇的全部研究目的是致力于解决"人是什么，生命是什么，健康是什么"。也是在这大胆的宣称里，我们可以发现某些问题，生殖研究者们今天仍旧在努力解决这些问题，其中最难以捉摸的是"什么迫使其离开母体"。不过，甚至在他开始宣布最终目标以前，达·芬奇已经开始以各种方式进行探索，这从《绘画论》和其他一些早期作品中可以得知。

其中一种方式表现在那幅为人所知的《性交图》以

及其他几幅相关的草图中。当时，四页手稿写成的时候，达·芬奇仍然深受亚里士多德特别是盖伦的古老理论影响，这些学说由伊本·西拿和蒙迪诺传播推广。事实上，此画所体现的大多与柏拉图《蒂迈欧篇》表达的理念一致。以图画形式表现出的很多概念错误（亦不可避免地）来自这些根源。肯尼斯·基尔评论《性交图》说："这是达·芬奇最有名的画作之一，却也是他在解剖学上最糟糕的画之一。"

这幅画大概作于1497年，在这之后达·芬奇着手进行的细致的研究将成为他后来工作的典型特色。画中以旁观的视角透视正在进行性交的一对男女，在早期草稿中，男性的阴茎深深插入对方体内进入子宫，尽管在最终版本里只是抵住子宫颈。两条管道穿过有稍许肿大的器官，一条用于泌尿，另一条连接到位于脊髓的起点处，符合当时（和古代）人们相信的看法——精液在这里和血液中产生。后一个起点在图中用经过心脏直接通往睾丸的一根血管表示。子宫呈瓣状，符合希腊人认为它有七个腔的构想，不过达·芬奇后来发现这个观念是错误的。胚胎学史学家议论纷纷的一点，在于对一根连接子宫与乳头的血管的描绘。在早期的研究中，达·芬奇仍然受旧有学说影响，坚持认为月经血在怀孕坐月子期间不排出，而是上升成为乳状物，胎儿由此获得营养。

同时期的理论把阴茎勃起归因于器官内的气压，与之相比，达·芬奇基于对吊死者的观察以及对勃起的龟头颜色的推测，给出了更好的解答："在性能力强的人中，当它变硬时，会又粗又长，密度和重量很大；当它变软时，则又细又短又软——也就是说，软弱无力。这不该断定是由于长肉或空气增多而引起的，而应当是动脉血造成的结果……再次观察到，变硬的阴茎龟头呈红色，这是血液充足的信号；而当阴茎不再坚挺时，外表就恢复为泛白的模样。"勃起的器官有穿透阻碍的能力，达·芬奇相信，这是由于其所处的位置对着耻骨。于是，"如果这块骨头不存在，阴茎遇到阻碍时会向后缩，缩回施力者体内，而不会插入受力者体内"。

达·芬奇对阴茎的思考很有趣，尤其是他提到将阴茎公开展示的欲望。这些说法与前文引用的达·芬奇极度厌恶性交的言语，形成了鲜明对比：

> 关于阴茎：它听从人类智力，有时又有自己的智力；尽管人希望用意志力激发它，但它却

不为所动，自行其是；有时却又不经人的允许或思考而自发行动，不管人是睡是醒，它都随心所欲地行事。常常是人入梦而它不眠，也有许多次是人醒着而它沉睡。很多次，人想让它行动而它不想；同样很多次，它想行动而人不准。所以，这个生物似乎经常有了生命，产生了独立于人的智力，人若是耻于给它取名或展览它，一直在努力掩盖和隐藏本应去装点和隆重展示的东西，就会显得大错特错。

　　换句话说，达·芬奇认为对待阴茎的恰当态度是自豪。很难不得出结论：厌恶感是留给女性生殖器的，考虑到关于达·芬奇的性欲的种种猜想，这几乎不会叫人感到惊奇。但是事情从不会如此简单，特别是当一个人试图了解这个复杂人物的内心生活的时候。在这里，可能得再次回忆一下佩特对达·芬奇的矛盾心理的观察，这种心理在他的艺术里——在"极致之美与恐怖的融合"里得到展现，"对腐败衰朽的迷恋一点一滴地渗透其精巧完善的美"。对于矛盾心理——极度地受吸引又极度地排斥——再没有更伟大的表现能比得上达·芬奇研究解剖学和生殖活动的饱满热情，尤其是在当时的情况下。

　　与《性交图》中富有特色的粗糙布局相反，达·芬奇多年后的一幅画作描绘了子宫中五个月大的胎儿，堪称美的化身，或者如牛津大学的一位著名艺术史学家近来所言，是"一个饱含深情的奇迹"。这幅画是一件艺术杰作，而且考虑到当时人们对胚胎学知之甚少，它同时还是一件科学认知上的杰作。在解剖、观察与阐释上的非凡能力，使这个拥有出众心灵的人意识到，在母亲的血管和胎盘的血管之间并没有直接交流。对威廉·亨特来说，这是多么令人吃惊。他于1784年看到一百五十年前被扣留在那个上锁的箱子里的手稿，手稿里的图画让他惊呆了，这些图精确地表现出胎盘血管的解剖构造，而那时他正在通过自己的实验证明这样的构造。当他发现，有个从未接受过医学训练的"文盲"艺术家领先自己将近三百年的时间，会受到多么巨大的冲击啊！

　　除了受过正规教育和受益于几百年来的发现，亨特比起达·芬奇还有一个有力的优势，即轻易就能得到人体进行研究。尽管几乎可以肯定达·芬奇在晚年时曾解剖过一个胎儿，不过他对胚胎学的大部分理解都来自解剖母牛、绵羊和公牛。然而，他对发育中胎儿周围的膜十分了解，运用技巧在画中剥去了接连几层膜，通过图画展示其本质。

那个时代，大部分权威相信后代的全部遗传特质来自父方，而另一些则认为遗传特质来自母方。（两边都倾向于一种观点：每个个体的存在都是实现单一的父方或母方的遗传因子。）达·芬奇明确地声称："母亲与父亲的遗传对胚胎的影响同样重要。"为了支持自己的论点，即睾丸与卵巢有相似的功能并对后代有同等的贡献，达·芬奇证明了睾丸与卵巢有相似的供血过程。他关于精子细胞起始于脊柱的构想源于希腊的观念，后来，根据他所声明的正确信念，睾丸中产生的精液被传送到一个叫作精囊的固定区域，精液储存在这里，直到需要之时被射出；另外，他还展示了进行射精的管道是如何进入尿道的。他抛弃的另一个理念是，子宫有七个腔，他已通过解剖证实子宫只有一个腔。

达·芬奇并不满足于仅仅对动物幼胎的成长进行质的观察。正像他一贯所做的，在一切可能的情况下，他都会进行测量以确定后代在子宫里以及出生后的成长速率。事实上，他是这样做的第一人，他的做法在仅仅数世纪后就成为固定的标准程序。正是由于达·芬奇的诸多研究是如此的确定和彻底，该领域顶尖的科学史家李约瑟把达·芬奇称为"使胚胎学成为一门严谨科学的胚胎学之父"。

像这样一本小传既要避免使用技术性词汇，又缺乏足够的篇幅，要勾勒出达·芬奇解剖学成就的广度，尤其是深度，实在勉为其难。他所做的解剖工作在质量上可谓前无古人。他的解剖如此准确，对细节的观察如此精微，以至于在解剖学这一学科里——就像他同样投入了无可比拟的才干的其他许多学科一样——只有精通此道的专家才能完全领会他的一系列观念。关于身为解剖学家的达·芬奇，已有浩繁的著作，今后肯定还会出现更多。但我们即使阅读每一本也可能一无所获——不管其作者是否试图并决心把每个事例分类放进目录，在这些事例中，达·芬奇对误导他的古代权威的依赖越来越少——在那个时代，此人竟能够如此准确深刻地了解错综复杂的人体系统，真是令人不由得再次叹服。

20世纪早期，挪威医学史学家豪坡斯多克（H. Hopstock）对达·芬奇在解剖学方面的丰功伟绩做了全面的总结，我也找不出什么遗漏之处了，甚至连奥马利和桑德斯或者肯尼斯·基尔也一样。以下的话出自豪坡斯多克 1921 年的专著，翻译如下：

就我们所知，在他以前没有任何人进行过如此大量的人体解剖，也没有人如此善于诠释解剖工作中的发现。他对子宫的形容前所未有地精细准确、清晰易懂。他是对人体骨骼给出正确描述的第一人——他准确地描述了胸部、颅骨及其各种充气的腔，描述了四肢的骨骼、脊柱、骨盆的准确位置和相应的脊柱弯曲。他是准确绘制出人体中几乎全部肌肉的第一人。

在他之前，没有人能够像他那般精准地画出神经和血管，哪怕只是接近他的准确度，他还极有可能是采用解剖凝固物质的手法研究血管的第一人。在达·芬奇之前，没有人像他一样了解心脏，对心脏做出描绘。

他还是研究脑室的第一人，是使用系列部位的第一人。在他之前没有人，在他之后也几乎没有人对模型表面解剖学做出如此出色的描述，他提出观察到的丰富的解剖结构细节，这也是空前的，关于地形学和比较解剖学也没人可以提供如此准确的信息。

　　豪坡斯多克也许还应当补充说，在达·芬奇之前或之后，没有谁能"提出观察到的丰富的解剖结构细节"，也没有谁比达·芬奇带有更多对生命的尊重，不管这生命是人类还是动物。对宇宙、地球以及处于他视野范围内的一切生物，他都看得到它们之间千丝万缕的联系。在他的研究里，我们感受到的不仅有求知的渴望，还有愿知识终有一日造福人类的希望。他对解剖为何持保留态度，这个问题的答案或许在于，他一定是出于一个更高的目标，在这个目标中他看到的只有益处。谁又会明白达·芬奇，那个只通过自己的观察来寻求答案的人，为何竟然选择通过颂赞造物主来向自然致敬呢？他这样写道：

　　　哦，我们这台机器的探索者啊，虽然你通过同类的死亡传授知识，但也不必感到懊悔；我们的造物主已将理解力塑造成如此完美的工具，不如为此欢欣鼓舞吧。

文献说明

对达·芬奇的追寻者来说，"意义重大"的少数几部著作并非充斥着大量可验证的事实，这没有什么好奇怪的。相反，它们是三部简洁明了的作品，每一部的作者都以各自独特的语气风格去还原达·芬奇的传奇。乔尔乔·瓦萨里 [著有《艺苑名人传》，由德维尔（G. duc DeVere）缩写，林斯科特（R. N. Linscott）编辑，伦敦：美第奇协会，1959 年]，沃尔特·佩特 [著有《文艺复兴：艺术与诗的研究》（*The Renaissance：Studies in Art and Poetry*），伦敦：麦克米伦出版社，1917 年）]，肯尼斯·克拉克 [著有《列奥纳多·达·芬奇：艺术家生涯》（*Leonardo da Vinci：An Account of His Development as an Artist*），剑桥，英国：剑桥大学出版社，1952 年]，三人都是世纪名家，都意识到要想见研究对象的完满性就无法避免陷入他的光环，而这光环可以说是一切解释的来源。

　　读过这三位大师的作品，经过他们在达·芬奇研究之路上树立的丰碑之后，有必要转向更为世俗的事情比如事件、地点、日期和客观贡献。在此，也有三本值得高度赞扬的书，其中两本可以看作是对象生平的见闻记录。这几本书像克拉克和佩特的著述一样几乎没有说明，但有丰富的信息和对事件的评论。第一本书是频频被引用的《列奥纳多·达·芬奇的心灵》(*The Mind of Leonardo da Vinci*，伦敦：乔纳森·凯普出版社，1928 年)，由爱德华·麦柯迪所作，从出版以来即被用作入门书籍，供读者直接体会书中主人公取得成就的历史背景。另一本书是艾弗·哈特(Ivor Hart)的《列奥纳多·达·芬奇的世界》(*The World of Leonardo da Vinci*，伦敦：麦克唐纳出版社，1961 年)，这部作品主要聚焦于达·芬奇在工程和机械领域的生涯。

　　第三本推荐的书是《列奥纳多·达·芬奇》(*Leonardo da Vinci*，纽约：巴诺书店，1997 年)，这是一部巨著(从内容上与体量上都是如此)，由一大批意大利学者共同编撰而成，每一位学者都撰写自己最擅长最了解的达·芬奇的一个侧面。此书于 1938 年由格奥格拉菲克·德·阿戈斯蒂尼研究院（Instituto Geografico de Agoslini）首次出版，与当年在米兰的一个会展协力推出，这个会展希望集中关于达·芬奇的所有学识，包括对达·芬奇的机器、平面图和手稿材料的复制。会展因战争爆发没能取得圆满成功，但从任何一个想象得到的角度看，它都确实促成了这部权威而杰出的达·芬奇研究著作诞生。此书复制了达·芬奇的手稿插图，是艺术出版的胜利，英文译本于 1956 年在美国首次出版。其最有价值的特色在于包含 1938 年以前的大量文献书目，除了此书，现代读者可能找不到其他途径获得这些文献了。

还有一本书风格与之类似，由拉迪斯劳·勒提（Ladislao Reti）编撰，其标题很有煽动性——《你所不知道的达·芬奇》（*The Unknown Leonardo*，纽约：麦格劳–希尔国际出版公司，1974 年）。勒提将一批研究达·芬奇的各国学者集合在一起，对马德里抄本的内容进行解释编写。成果就是又一项出版史上的伟大成就，一个内容翔实广博的大部头，读者从中可以得到智力上的刺激、文学上的享受和精神上的愉悦。

每一年都有几部新的达·芬奇传记和评论出版。单单过去十五年里，就有一百多本面世，其中三分之一为英文版。其中最富启发性和最有意思的要数理查德·特纳（Richard Turner）的《创造达·芬奇》（*Inventing Leonardo*，伯克利，加利福尼亚：加利福尼亚大学出版社，1992 年）、瑟奇·布哈里（Serge Bramly）的《达·芬奇：艺术家与人》（*Leonardo : The Artist and the Man*，纽约：企鹅图书，1994 年）和罗杰·马斯特斯（Roger Masters）的十分特别的《财富是一条河流：列奥纳多·达·芬奇和尼可罗·马基雅维利的宏伟梦想改变佛罗伦萨历史进程》（*Fortune Is a River : Leonardo da Vinci and Niccolò Machiavelli's Magnificent Dream to Change the Course of Florentine History*，纽约：自由出版社，1998 年）。

达·芬奇的亲笔手稿直到 19 世纪 70 年代才得到系统的研究，1881 年才首次有了副本和抄本。标准英文版本是让·保罗·里克特（Jean Paul Richter）编著，1883 年出版的《列奥纳多·达·芬奇的文学作品》（*The Literary Works of Leonardo da Vinci*），从那以后多次再版，最近的一版是 1970 年由多佛出版社出版的优质两卷平装本，改后的标题更为恰当："列奥纳多·达·芬奇的笔记"。

到目前为止，所有达·芬奇作品中最好的版本是温莎城堡收藏的解剖学手稿集，由肯尼斯·基尔和加利福尼亚大学洛杉矶分校艺术史教授卡罗·佩德雷迪（Carlo Pedretti）编纂，1979年由哈克特·布雷斯·约凡诺维奇出版社出版。这套三卷本名为《列奥纳多·达·芬奇：女王陛下的温莎城堡解剖学研究汇编集》（*Leonardo da Vinci : Corpus of the Anatomical Studies in the Collection of Her Majesty the Queen at Windsor Castle*），包括两本手稿册和松散地放在盒子里的一套图画，便于研究。

在科学领域，特别是解剖学方面，肯尼斯·基尔对达·芬奇研究的贡献是巨大的。他编写的《列奥纳多·达·芬奇对心脏与血液运动的研究》（*Leonardo da Vinci on the Movement of the Heart and Blood*，伦敦：利平科特，1952年）、《列奥纳多·达·芬奇与科学的艺术》（*Leonardo da Vinci and the Art of Science*，霍尔，苏塞克斯，英国：普莱尔里出版社，1977年）和《列奥纳多·达·芬奇的人之科学元素》（*Leonardo da Vinci's Elements of the Science of Man*，纽约：学术出版社，1983年）都特别重要。我自由引用了基尔教授的所有作品，包括他在杂志上发表的若干文章。

本传记关注达·芬奇的解剖学研究，这个领域埋藏着一大笔丰富的宝藏，等待人们去发现。如果要说对今后有深远影响的一部作品，那就是麦克莫里奇（J. Playfair McMurrich）的《解剖学家列奥纳多·达·芬奇》（*Leonardo da Vinci the Anatomist*），1930 年由卡内基研究所出版。其他代表性作品有《列奥纳多·达·芬奇的人体研究》（*Leonardo da Vinci on the Human Body*，纽约：亨利·舒曼，1952 年），作者是查尔斯·奥马利和 J. B. 桑德斯，还有《解剖学家达·芬奇》（*Leonardo the Anatomist*，劳伦斯，堪萨斯：堪萨斯大学出版社，1955 年），作者是埃尔默·拜尔特（Elmer Belt）。

还有两篇专论都不能用现代的电子化方法找到，但却影响了我的思想。两者都充满智慧的洞见，一篇写的是达·芬奇本人，另一篇是写他的解剖学研究。第一篇是《列奥纳多·达·芬奇》，英国科学院第四届年度演讲，1922 年 11 月发表，作者是英国国家美术馆馆长霍姆斯（C. J. Holmes）。第二篇题为《解剖学家达·芬奇》，是一篇散文，1921 年发表于查尔斯·辛格（Charles Singer）的《历史和科学方法研究》（*Studies in the History and Method of Science*），作者是挪威人，只署名 H. 豪坡斯多克，我已记不清他的名字是什么了，甚至用电脑查找也找不到。不管他的名字是什么——也许是哈康（Hackon）或者哈乔（Hajo）——豪坡斯多克只是众多学者之中的一位，他们通过研究一位名字是天才的同义词的人，启发了我们对人类心灵能力的理解。

企鹅人生
Penguin Lives

乔伊斯	[爱尔兰] 埃德娜·奥布赖恩 著
简·奥斯丁	[加] 卡罗尔·希尔兹 著
佛陀	[英] 凯伦·阿姆斯特朗 著
马塞尔·普鲁斯特	[美] 爱德蒙·怀特 著
伍尔夫	[英] 奈杰尔·尼科尔森 著
莫扎特	[美] 彼得·盖伊 著
安迪·沃霍尔	[美] 韦恩·克斯坦鲍姆 著
达·芬奇	[美] 舍温·努兰 著
猫王	[美] 鲍比·安·梅森 著
圣女贞德	[美] 玛丽·戈登 著
温斯顿·丘吉尔	[英] 约翰·基根 著
亚伯拉罕·林肯	[澳] 托马斯·基尼利 著
马丁·路德·金	[美] 马歇尔·弗拉迪 著
查尔斯·狄更斯	[美] 简·斯迈利 著
但丁	[美] R. W. B. 刘易斯 著
西蒙娜·韦伊	[美] 弗朗辛·杜·普莱西克斯·格雷 著
圣奥古斯丁	[美] 加里·威尔斯 著
拿破仑	[英] 保罗·约翰逊 著
朱莉娅·蔡尔德	[美] 劳拉·夏皮罗 著
弗兰克·劳埃德·赖特	[美] 阿达·路易丝·赫克斯塔布尔 著

图书在版编目（CIP）数据

达·芬奇／（美）舍温·努兰著；谢晗曦译．—北
京：生活·读书·新知
三联书店，2016.8
（企鹅人生）
ISBN 978-7-108-05700-6

Ⅰ．①达… Ⅱ．①舍… ②谢…
Ⅲ．①达·芬奇（1452～1519）—传记
Ⅳ．① K835.465.72

中国版本图书馆 CIP 数据核字（2016）
第 111533 号

总 译 审 胡允桓
策划编辑 刘 靖
责任编辑 颜 筝
特约编辑 王怡翾 赵 轩
装帧设计 蔡立国 索 迪
版式设计 薛 宇
封面版画 袁亚威
责任印制 宋 家
出版发行 生活·讀書·新知 三联书店
　　　　 北京市东城区美术馆东街 22 号
邮　　编 100010
网　　址 www.sdxjpc.com
图　　字 01-2013-5904
经　　销 新华书店
印　　刷 北京市松源印刷有限公司
版　　次 2016 年 8 月北京第 1 版
　　　　 2016 年 8 月北京第 1 次印刷
开　　本 787 毫米 ×1092 毫米 1/32
字　　数 90 千字　印张 5.875
印　　数 0,001—8,000 册
定　　价 34.00 元
印装查询：010-64002715
邮购查询：010-84010542